8.-13. Schuljahr

Hermann Krämer-Eis

Geographie-Rätsel *mit Witz!*

Nicht alltägliche Rätsel zum Lernen & Schmunzeln

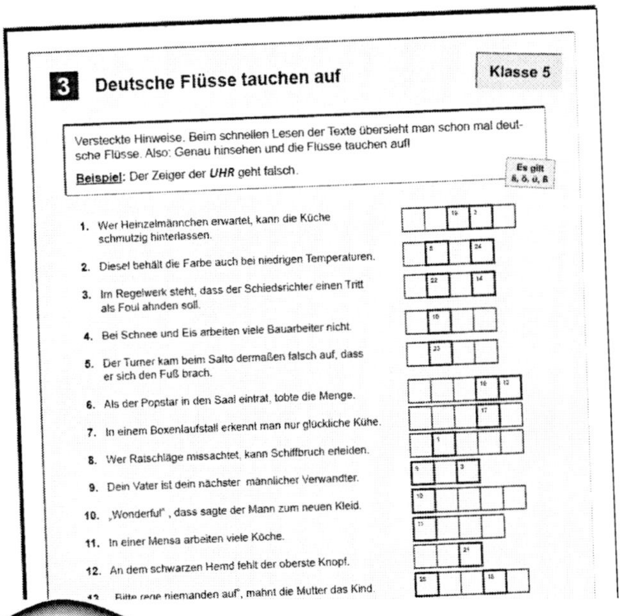

3 **Deutsche Flüsse tauchen auf** — Klasse 5

Versteckte Hinweise. Beim schnellen Lesen der Texte übersieht man schon mal deutsche Flüsse. Also: Genau hinsehen und die Flüsse tauchen auf!

Beispiel: Der Zeiger der *UHR* geht falsch.

Es gilt ä, ö, ü, ß

1. Wer Heinzelmännchen erwartet, kann die Küche schmutzig hinterlassen.
2. Diesel behält die Farbe auch bei niedrigen Temperaturen.
3. Im Regelwerk steht, dass der Schiedsrichter einen Tritt als Foul ahnden soll.
4. Bei Schnee und Eis arbeiten viele Bauarbeiter nicht.
5. Der Turner kam beim Salto dermaßen falsch auf, dass er sich den Fuß brach.
6. Als der Popstar in den Saal eintrat, tobte die Menge.
7. In einem Boxenlaufstall erkennt man nur glückliche Kühe.
8. Wer Ratschläge missachtet, kann Schiffbruch erleiden.
9. Dein Vater ist dein nächster männlicher Verwandter.
10. „Wonderful" , dass sagte der Mann zum neuen Kleid.
11. In einer Mensa arbeiten viele Köche.
12. An dem schwarzen Hemd fehlt der oberste Knopf.

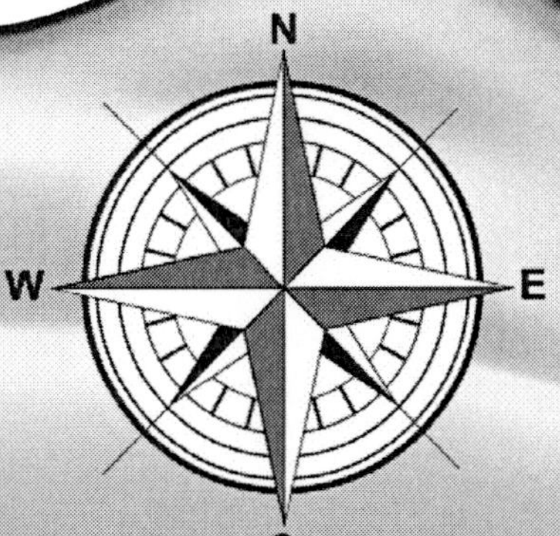

50 Kopiervorlagen

Lernen mit Erfolg
KOHL VERLAG
Der Verlag mit dem Baum
www.kohlverlag.de

Geografie-Rätsel mit Pfiff!

8.-13. Schuljahr

2. Auflage 2013

Inhalt: Hermann Krämer-Eis
Coverbild: © Felix Pergande & Cobalt - Fotolia.com
Grafik & Satz: Kohl-Verlag
Druck: ffh concept GmbH, Hürth

Bestell-Nr. 11 430

ISBN: 978-3-95513-010-7

INHALT

VORWORT

Liebe Kolleginnen und Kollegen,

die vorliegenden Kopiervorlagen bieten einen außergewöhnlichen Rätselspaß, der Denken und Lernen reizvoll mit feinsinnigem Humor vereint und nicht nur ihre Schüler reizen wird.

Scheinbar sinnentfremdete Fragestellungen führen durch genaues Betrachten, vor allem aber durch „Um-die-Ecke-Denken“ und logisches Überlegen zu sinnvollen Begriffen aus der allgemeinen Geographie.

Die 44 Rätsel unterschiedlichster Art erzeugen beim Betrachter unweigerlich ein Schmunzeln und Aha-Momente, wenn die richtigen Lösungen gefunden werden. Sie schulen die geistige Fitness auf humorige Weise, fordern zu einer neuen Art der Atlasarbeit geradezu heraus und vermitteln spielerisch topographisches und allgemeines Erdkundewissen.

Einsetzbar bei der Betrachtung geographischer Räume, als spaßige Atlasarbeit, in Vertretungsstunden oder aber als Freizeitvergnügen schulen die Rätsel das geographische Wissen.

Viel Freude und Erfolg beim Knobeln und Rätseln wünschen Ihnen der Kohl-Verlag und

Hermann Krämer-Eis

1. Um die Ecke gedacht – Deutschland verdreht

Verdrehte Umschreibungen zum Schmunzeln verhelfen der Atlasarbeit zu neuem Schwung. Die hervorgehobenen Buchstaben in den gesuchten deutschen Städten, Landschaften, Flüssen und Gebirgen bringen eine wichtige geografische Erkenntnis.

Beispiel: Überdachte städtische Sportanlage = *Halle*

Es gilt ä, ö, ü, ß

1. Altes Gemäuer des Hundevorfahren.
2. Verdrehte Rage der Thüringer.
3. Kurze Ärztegemeinschaft vor dem bestimmten Artikel.
4. Stadt mitten in Überlingen.
5. Ackerparzelle hochoben.
6. Gegenstück zu Frauauswärts.
7. Verlängertes lyrisches Gedicht, flüssig vorgetragen.
8. Wer hat die Sense im Ruhrgebiet verstellt?
9. Anfänglich nicht ganz richtige Knastunterkunft.
10. Städtische Himmelsrichtung.
11. Im Zweifel ein Mittelgebirge.
12. Farbe mit der Aufforderung, den Mund zu halten.
13. Endbuchstabe mit Frettchen.
14. Stadt mitten in der Schulmathematik.
15. Entscheidende Schachfigur vor der kalten Jahreszeit.
16. Städtisch nicht geschlossener Wasserlauf.
17. Ein fließender Gehörloser.

1. WOLFSBURG
2. _ P _ _
3. _ _ _ _ _ _
4. _ _ _ _ _
5. _ _ _ _ _ _
6. MANNHEIM
7. _ _ _ _
8. RHEN_
9. ELLE
10. _ _ _ _
11. EIFEL
12. _ _ _ _ _ _
13. _ _ _
14. _ _ _ _
15. KÖNIGSWINTER
16. KANAL_ _
17. TAUBER

1	2	3	4	5	6	7	8	9	10	11	12	13
E		T				L					U	

14	15	16	17	18	19	20	21	22	23	24	25	26	27
I					K		G			A		H	T

1 Um die Ecke gedacht – (Ent)fremde(te) Hauptstädte

Geographie zum Schmunzeln. Knifflige Fragestellungen suchen die Hauptstädte der Länder.

Beispiel: Sehr feuchter Schmerzensschrei = ***Nassau***

Es gilt ä, ö, ü, ß

Nr.	Frage										
1.	Die Lottozahlen sind geordnet: 2 - 5 - 18 - 12 - 9 - 14.		13				18				
2.	Anfänglich verlängertes Riechorgan eines Dickhäuters.					3					
3.	Fragewort mit kurzem Stickstoff.			11							
4.	Auf diesem Berg scheint es Filmvorführungen zu geben.				15				1		
5.	Wer entführte die schöne Helena?				10						
6.	Wenn der Brite sagt: „eine dann“, meint er diese Stadt.			5							
7.	Verdrehtes Solo.			14							
8.	In der Klimaerwärmung steckende Hauptstadt.		17								
9.	Fragewort, in der Vergangenheit hängen, Töpfermasse.				16						
10.	Vergangene „Ist-Revue“.	12				4					
11.	Dieser Preisnachlass wird am Ende noch gekürzt.					8					
12.	Kausal verdreht zur Hauptstadt.		7								
13.	Edle Dornenblume mit Schmerzensschrei.					6					
14.	Hauptstadt in Kuba, aber nicht auf Kuba.		2								
15.	Was Dortmunder und Hagener gemeinsam etwas im Schilde führen.	9									

1	2	3	4	5	6	7	8	9	10	11	12	13	14	15	16	17	18

Geografie-Rätsel mit Pfiff! / 8.-13. Schuljahr - Bestell-Nr. 11 430
Nicht alltägliche Rätsel zum Lernen & Schmunzeln
KOHL VERLAG Der Verlag mit dem Baum
www.kohlverlag.de

1 Um die Ecke gedacht – (Ent)fremde(te) Länder

Geographie zum Schmunzeln. In kniffligen Fragen werden Ländernamen gesucht.

Beispiel: Vereinte Nationen (intern. Abk.) mit Strickgewebe = ***Ungarn***

Es gilt ä, ö, ü, ß

1. United Kingdom (Abk.) mit Ackergrenzen.
2. Das Codewort „TEREQE“ wird mit vier zurück entschlüsselt.
3. Im Telegramm stand: „Blutgefäß, verschlossen. Ela“.
4. „Zum Mitnehmen“ auf neudeutschem Englisch.
5. Belgische Rennsportstadt, keinesfalls mit Nürnberger Kennzeichen.
6. Vermischter Raki.
7. C_4H_{10} plus ein einfaches h – das Gas fliegt bis zum Himalaya.
8. Es Außerirdische auf Britisch.
9. Nichts auf Französisch hinter der grünen Meerespflanze.
10. Wohlhabender Männername.
11. Elefantenzahnmaterial am Meeresufer.
12. Großmutters Kosename mit kurzem Stickstoff.
13. Mittellose, keinesfalls mit N.
14. Wie der Esel hinter Barbies Freund herruft.
15. Meeresraubfisch, am Schwanz aus kurzem Titan.
16. Himalayastaat in den Alpen.
17. Gekochtes, nicht aus.
18. Kurzes Lithium vom Eise befreien.

1	2	3	4	5	6	7	8	9	10	11	12	13	14	15	16	17	18
19	20	21	22	23	24	25	26	27	28	29	30	31	32	33	34	35	36

Geografie-Rätsel mit Pfiff! / 8.-13. Schuljahr
Nicht alltägliche Rätsel zum Lernen & Schmunzeln - Bestell-Nr. 11 430
KOHL VERLAG Der Verlag mit dem Baum
www.kohlverlag.de

1 Um die Ecke gedacht – (Ent)fremde(te) Landschaftsräume

Geographie zum Schmunzeln. Knifflige Fragen umschreiben weltweite Landschaftsräume, Berge und Gebirge.

Beispiel: Deutscher nicht süßer Staat = ***Sauerland***

Es gilt ä, ö, ü, ß

1. Wenn der Brite Getreidewand sagt, meint er diese Landschaft.

11						4	

2. Ungebrauchtes Entdeckungsstaatsgebiet im Atlantik.

23			14							26

3. Deutsche zähflüssige Baumausscheidung.

12	7		

4. Italienische Puccini-Oper mit kurzem Natrium.

15						

5. In diesen europäischen Hügeln leben keine Zwerge.

		29				21						32

6. Französisches altes Gemäuer mit Bindewort.

	24					9

7. Blutgefäß mit holländischen zehn im Stiefelland.

		8		1			

8. Russische Aufforderung, den Fall mit den Zähnen zu zerkleinern.

31					10		

9. Mitteleuropäisches Gebirge in Nepal.

	6		28	

10. In Kanada stellt man das Rad mitten in die Forschungsanstalt.

18							

11. Für diese rumänische Landschaft garantieren sogar mehr als sechs.

		16								5	

12. Wenn der Italiener gut hinter dem amerikanischen Dichter herruft wird's flach.

	2	20			17	

13. Unsere reflektionslose Farbenbaumansammlung.

	30								3	

14. Ist vor nichts auf Französisch in Kroatien.

					22	

15. Betagtes südamerikanisches Faultier am Himalayarand.

13				27

16. Spielt im Krimi am Schwarzen Meer anfänglich die Hauptrolle.

		19	25

1	2	3	4	5	6	7	8	9	10	11	12	13	14	15	16	17
18	19	20	21	22	23	24	25	26	27	28	29	30	31	32		

Geografie-Rätsel mit Pfiff! / 8.-13. Schuljahr
Nicht alltägliche Rätsel zum Lernen & Schmunzeln - Bestell-Nr. 11 430
KOHL VERLAG Der Verlag mit dem Baum
www.kohlverlag.de

1 Um die Ecke gedacht – (Ent)fremde(te) Flüsse

Erdkunde zum Schmunzeln. In kniffligen Fragestellungen werden internationale Flüsse gesucht.

Beispiel: Hundeausfuhrschnur = ***Leine***

Es gilt ä, ö, ü, ß

Nr.	Frage	Lösungsfelder
1.	Gehörloser.	[20] T · A · U · B · E · R
2.	In fließendem Russisch: Frauenname mit W.	_ · _ · _ · _ · [17] _
3.	Stelle L vor B.	E · L · [3] B · E
4.	In fließendem Französisch: Nicht ihre.	[19] S · E · I · [7] N · E
5.	Wenn auf der Bodenseeinsel der Schmerzensschrei ausbleibt.	[23] _ · _ · _ · [16] _
6.	Akk. Plural von sie (Pl., engl.) mit kurzem Selen.	[14] _ · _ · _ · [18] _ · _ · _
7.	Teil des Mundes.	[1] L · I · P · P · [12] E
8.	Russischer Fluss mit Oberhausener Kennzeichen.	_ · [11] _
9.	Ansteckende Darmerkrankung.	_ · [6] _ · _ · [21] _
10.	Steckt beim Spanier im Käsebrot drin.	[2] _ · _ · _ · _
11.	Dafür bekommt man beim Fußball drei Punkte.	_ · [13] _ · [15] _ · _
12.	Genitiv Singular einer indischen Motorschaltstufe.	_ · [9] _ · _ · _ · [4] _ · _
13.	Niederschlagsart.	[10] _ · _ · _ · _ · _
14.	Entspringt in Russland und endet in London.	[8] _ · _ · _
15.	Italienisches (ugs.) Hinterteil.	_ · [22] _
16.	Nora verdreht dem Italiener den Kopf.	_ · _ · [5] _ · _

1	2	3	4	5	6	7	8	9	10	11	12	13	14	15	16	17	18	19	20	21	22	23

Geografie-Rätsel mit Pfiff! / 8.-13. Schuljahr
Nicht alltägliche Rätsel zum Lernen & Schmunzeln - Bestell-Nr. 11 430
KOHL VERLAG Der Verlag mit dem Baum
www.kohlverlag.de

1 Um die Ecke gedacht – (Ent)fremde(te) Hauptstädte und Länder 1

Knifflige Fragestellungen suchen Länder und Hauptstädte. Die markierten Felder bringen eine geographische Erkenntnis.

Beispiel: Staatlich verdrehte Ringe = ***Niger***

Es gilt ä, ö, ü, ß

Nr.	Frage										
1.	Zustimmung zum griechischen Hirtengott.	1		20							
2.	Der Brite meint: Es Außerirdische.			11			13				
3.	Umgangssprachliche Aufforderung an den Bäckerlehrling.		7				25				
4.	Einkommenssteuer (kurz) – Staat.			23				3			
5.	Diese Stadt kannst Du auch solo besuchen.		22	6							
6.	Lithium kurz vom Eis befreien						2				
7.	Zustimmung, dass der Monat vor dem kurzen Karlsruher steht.							24			
8.	Leider nicht fertiggekocht, mit Konsonant wird's staatlicher.	19									
9.	Ugs.: Dies ist eine Waschanlage für höckerlose Kamele.		5							9	
10.	Dieser Mann ist wohlhabend.				8						17
11.	Jordanische Steigerungsform von BFrau.					15					
12.	Betti wurde bei der Geburt vertauscht.	26				12					
13.	Körperteile, keinesfalls mit kurzem Stickstoff.				16			4			
14.	Südamerikanische Hauptstadt in Mali.		14		18						
15.	Raubfisch, der Schwanz ist aus kurzem Titan.	10			21						

1	2	3	4	5	6	7	8	9	10	11	12	13	14	15	16

17	18	19	20	21	22	23	24	25	26

Geografie-Rätsel mit Pfiff! / 8.-13. Schuljahr
Nicht alltägliche Rätsel zum Lernen & Schmunzeln - Bestell-Nr. 11 430
KOHL VERLAG Der Verlag mit dem Baum
www.kohlverlag.de

1 Um die Ecke gedacht – (Ent)fremde(te) Hauptstädte und Länder 2

Knifflige Fragestellungen suchen Länder und Hauptstädte. Die markierten Felder bringen eine geographische Erkenntnis.

Beispiel: Großmutter mit konsonantischem Anhang = ***Oman***

Es gilt ä, ö, ü, ß

1. Waldfeen – Körperteil am Meeresufer.

2. Auf britisch-neudeutsch heißt dieses Land „zum Mitnehmen“.

3. Couch, auf der ein Vokal ruht.

4. Meerespflanze, nichts (frz.).

5. Inselstaat, mittendrin sehr betagt.

6. Hier scheint es einen sogar noch gekürzten Preisnachlass zu geben.

7. Er entführte die schöne Helena aus Sparta.

8. „Eine dann“ auf Britisch.

9. Is kein Wasser.

10. Verdächtig: Die verdrehte Leiche hat einen Vokal zu viel.

11. Sehr feuchter Schmerzensschrei.

12. Im Zentrum von Überlingen findet man den Hinweis auf eine Hauptstadt.

13. Im Raki stecken nicht nur Prozente.

14. In den Alpen versteckter Staat.

15. Vierter Fall der Magnetenden.

1	2	3	4	5	6	7	8	9	10	11	12	13	14	15	16	17	18	19

20	21	22	23	24	25	26	27	28	29	30

Geografie-Rätsel mit Pfiff! / 8.-13. Schuljahr
Nicht alltägliche Rätsel zum Lernen & Schmunzeln - Bestell-Nr. 11 430
KOHL VERLAG
www.kohlverlag.de

2 Deutsche Bundesländer – Baden-Württemberg

Verdrehte Umschreibungen zum Schmunzeln. Im Zweifelsfalle hilft der Atlas weiter. Gesucht werden Baden-Württembergische Städte. Die hervorgehobenen Felder ergeben von oben nach unten gelesen ein landestypisches Lösungswort.

Beispiel: Witzige Filmidee exakt = ***Gaggenau***

Es gilt
ä = ae, ö = oe, ü = ue

1. Diese beharrliche Stadt sorgt stetig für Unveränderlichkeit.
2. Baumfällender Nager mit einem Ausruf des Erstaunens.
3. Des alten Kaisers Schiffsanlegestelle.
4. Farbe hinter der vegetationslosen Zone.
5. Hier soll man sich wohl behaglich ausgestreckt ausruhen.
6. Werkzeuge zum Festklemmen auf der Höhe.
7. Nicht gefangene Festung.
8. Maskulines Zuhause.
9. Getreidesorte mit Zuhause hinter der Himmelsrichtung.
10. Heimat kastrierter Stiere.
11. Zuhause eines deutschen Volksstammes.
12. Doppeltes Sommervergnügen zur Körperreinigung.
13. Leicht errötende Gesichtspartien.
14. Klingt altdeutsch wie ein Gesundbrunnen.
15. Männliches Hausschwein am Wasserlauf.

1	2	3	4	5	6	7	8	9	10	11	12	13	14	15

Geografie-Rätsel mit Pfiff! / 8.-13. Schuljahr
Nicht alltägliche Rätsel zum Lernen & Schmunzeln - Bestell-Nr. 11 430
KOHL VERLAG Der Verlag mit dem Baum
www.kohlverlag.de

2 Deutsche Bundesländer – Bayern

Verdrehte Umschreibungen zum Schmunzeln. Im Zweifelsfalle hilft der Atlas weiter. Gesucht werden bayerische Städte, Landschaftsräume und Gewässer. Die hervorgehobenen Buchstaben ergeben von oben nach unten gelesen ein landestypisches Lösungswort.

Beispiel: Schmerzensschrei an einer Hauseindeckung = ***Dachau***

Es gilt ä, ö, ü, ß

1. Ansiedlung hinter einem Offiziersrang.
2. Aufforderung hoch zu Ross, sich um 90° zu drehen.
3. Der Bergmannsvorarbeiter sieht hier nur Bäume.
4. Zuhause edler Blumen.
5. Kurzes Kobalt vor der Festung
6. Blaublütige vor der Ackerparzelle.
7. Maskulines Pronomen mit Sache.
8. Stolzes Geflügel vor dem kleinen Ort.
9. Kurze Baikal-Amur-Magistrale hoch oben.
10. Vierter Fall der unteren Gehwerkzeuge.
11. Klamme örtliche Gesichtspartien.
12. Endbuchstabe mit Frettchen.
13. Im Nachgafferbus verdrehte Stadt.
14. Schnelle Fortbewegung.
15. Nicht trockene Stadt.

1	2	3	4	5	6	7	8	9	10	11	12	13	14	15

Geografie-Rätsel mit Pfiff! / 8.-13. Schuljahr - Bestell-Nr. 11 430
Nicht alltägliche Rätsel zum Lernen & Schmunzeln
KOHL VERLAG Der Verlag mit dem Baum
www.kohlverlag.de

2 Deutsche Bundesländer – Berlin

Verdrehte Umschreibungen zum Schmunzeln. Im Zweifelsfalle hilft der Atlas weiter. Gesucht werden Berliner Stadtteile, Regionen, Berge und Gewässer.

Bsp.: Abgespaltenes Holzstückchen mit Kennzeichen Vulkaneifelkreis = ***Spandau***

Es gilt ä, ö, ü, ß

1. Lebewesen, fertig gekocht mit zehn (engl.)

					2		21		

2. Das Flüssige im Speer.

3				

3. Gesuchte Stadt in Überlingen.

				14	

4. Satanserhebung.

		19				5				

5. 2011 verstorbenes ehemaliges tschechisches Oberhaupt flüssig ausgesprochen.

				13

6. Zeichen des Christentums hoch oben.

						9		

7. Hoffnungsvolle Farbe mit Schmerzensschrei.

	12		15		

8. Liegt gegenüber von Häßlichetal.

						10			

9. Kultische Stätte mit bäuerlichem Anwesen.

6								20

10. Der Brite denkt, hier würde geheiratet.

				4		

11. Vokalamputierter Eifelsee mit Kauwerkzeug.

		17				

12. Nur von hinten wird ein Wotpert berlinerisch.

		16				

13. Als der Ausländer fragte: „Wann See zugefroren?", wusste ich, wohin er wollte.

					11	

14. Stadtteil in Formerswild.

		18					1			

15. Des Kaisers Wäldchen.

				7						-

		8	

1	2	3	4	5	6	7	8	9	10	11	12	13	14	15	16	17	18	19	20	21

Geografie-Rätsel mit Pfiff! / 8.-13. Schuljahr
Nicht alltägliche Rätsel zum Lernen & Schmunzeln - Bestell-Nr. 11 430
KOHL VERLAG Der Verlag mit dem Baum
www.kohlverlag.de

2 Deutsche Bundesländer – Brandenburg

Verdrehte Umschreibungen zum Schmunzeln. Im Zweifelsfalle hilft der Atlas weiter. Gesucht werden Brandenburger Städte, Regionen, Berge und Gewässer.

Beispiel: Hier geht ein männlicher Vorname durch den Fluss = ***Frankfurt***

Es gilt ä, ö, ü, ß

1. Lyrisches Gedicht mit kurzem Radius, fließend vorgetragen.
2. Seichte Flussstelle, gehört einem Mann.
3. Hänge B an L und sprich es flüssig.
4. Städtisches Porree-Werkzeug.
5. Hier sollte ein Konsonant mitten in der vornehmen Frau fließen.
6. Lichtlose Baumansammlung, nur poetischer.
7. So hieße der diebischer Vogel ohne die helle Farbe.
8. 2011 verstorbenes ehemaliges tschechisches Staatsoberhaupt flüssig ausgesprochen.
9. In den Fernsehspots damals steckt diese Stadt.
10. Fließende Wagenbespannung.
11. Erhebung eines schlagkräftigen Organs.
12. Folgt entweder mit einer eingegipsten Knochenverletzung.
13. Schweizer Hauptstadt mit Schmerzensschrei.
14. Wundkruste mit einem Nichtchristen.
15. Tief im Frost verdrehte Stadt.
16. Das Flüssige im Speer.
17. Im Drucker steckender Wasserlauf.

1	2	3	4	5	6	7	8	9	10	11	12	13	14	15	
16	17	18	19	20	21	22	23	24	25	26	27	28	29	30	31

Geografie-Rätsel mit Pfiff! / 8.-13. Schuljahr
Nicht alltägliche Rätsel zum Lernen & Schmunzeln - Bestell-Nr. 11 430
KOHL VERLAG www.kohlverlag.de

2 Deutsche Bundesländer – Hessen

Im Zweifelsfalle hilft der Atlas weiter. Gesucht werden hessische Städte, Landschaftsräume und Gewässer. Die hervorgehobenen Buchstaben ergeben von oben nach unten gelesen ein landestypisches Lösungswort.

Beispiel: Der Liebesgott steht vor dem kleinen Wasserlauf = ***Amorbach***

Es gilt ä, ö, ü, ß

1. Zuhause des Riechorgans eines Dickhäuters.
2. Städtische Geburtsschmerzen.
3. Vorne verlängertes Kellertier.
4. Stabort.
5. Tiefergelegter Schulfestsaal.
6. Sozusagen das Gegenstück zu Kleinwestauswärts.
7. Nicht geschlossener Wasserlauf.
8. Flüssiger Widerstand beim Strom.
9. Fließendes Tageszeitenklima.
10. Verbindliche Erhebung von Sauerstoff und Wasserstoff.
11. Altes Gemäuer hinter dem vokalamputierten Eifelsee.
12. Siefluss, nur maskuliner und kleiner.
13. Gefiederte Anhöhe.
14. Aufgabe des städtischen Gärtners bei Trockenheit.
15. Kölner Kennzeichen vor dem diebischen Vogel mit Rinnsal.
16. Abweisend ist diese Stadt nicht, nur falsch gemischt.
17. Der Monarch steht hinter der Körperreinigungsanlage.
18. Flüssiges Gurkenkraut.

1	2	3	4	5	6	7	8	9	10	11	12	13	14	15	16	17	18

Geografie-Rätsel mit Pfiff! / 8.-13. Schuljahr - Bestell-Nr. 11 430
Nicht alltägliche Rätsel zum Lernen & Schmunzeln
KOHL VERLAG Der Verlag mit dem Baum
www.kohlverlag.de

2 Deutsche Bundesländer – Mecklenburg-Vorpommern

Verdrehte Umschreibungen zum Schmunzeln. Im Zweifelsfalle hilft der Atlas weiter. Gesucht werden mecklenburg-vorpommerische Städte. Die hervorgehobenen Buchstaben ergeben von oben nach unten gelesen ein landestypisches Lösungswort.

Beispiel: Klingt ugs. wie ein ungekochter Holzstab = ***Rostock***

Es gilt ä, ö, ü, ß

1. Städtische Handelsgegenstände.

2. Eiländischer amerikanischer Dichter mit L.

3. Paul hat sich in der Stadt nicht nur den Fuß verdreht.

4. Norwegische Hügelstadt auf Rügen.

5. Nähert man sich dem Worim von hinten, erkennt man die Stadt.

6. Großer Raum an der Boddenküste.

7. Von Lehrern an Schüler verteilte Tadel.

8. Wenn L vor D steht, spricht sich's flüssig.

9. Flüssiges ehemaliges tschechisches Staatsoberhaupt.

10. Aufforderung an den Fahrer, sofort den Motor zu starten.

11. Himmelskörpererhebung.

12. Englische Aufforderung, die Bischofskirche zu gebrauchen.

13. Das Gegenstück zu leicht out liegt in McPomm.

14. Des Sonnenkönigs Pläsier.

1	2	3	4	5	6	7	8	9	10	11	12	13	14

Geografie-Rätsel mit Pfiff! / 8.-13. Schuljahr
Nicht alltägliche Rätsel zum Lernen & Schmunzeln - Bestell-Nr. 11 430
KOHL VERLAG Der Verlag mit dem Baum
www.kohlverlag.de

2 Deutsche Bundesländer – Niedersachsen

Verdrehte Umschreibungen zum Schmunzeln. Im Zweifelsfalle hilft der Atlas weiter. Gesucht werden niedersächsische Städte, Landschaftsräume und Gewässer. Die hervorgehobenen Buchstaben ergeben von oben nach unten gelesen ein landestypisches Lösungswort.

Beispiel: Konsonantisch erweiterte amerikanische Währung = ***Dollart***

Es gilt ä, ö, ü, ß

1. Den Niedersachsen(kampf-)hund sollte man daran ausführen.
2. Dieser See klingt nun mal nicht schlauer.
3. Städtische Himmelsrichtung.
4. Kannst du beim Scrabble vorahnen, siehst du die Stadt.
5. Aufforderung an eine Farbe, den Mund zu halten.
6. Rechtskundler, in dem man eine Urlaubsinsel erkennt, wenn man ihn mittig streich(el)t.
7. Machte der Pädagoge gestern in der Schule.
8. Harzreiche Erhebung eines schlagkräftigen Organs.
9. Anfänglich irrtümliche Knastunterkunft.
10. Hier hört man heulende Tiere im alten Gemäuer.
11. Klebrige Baumabsonderung hoch oben.
12. Altdeutsch für „wessen“ mit männlichem Personalpronomen flüssig gesprochen.
13. Aufforderung an den Hannoveraner, über den Oxer zu kommen.
14. Vorn abgeschnittene Oberbekleidungen.
15. Hohe Spielkarten, hoffentlich strahlenlos.

1	2	3	4	5	6	7	8	9	10	11	12	13	14	15

2 Deutsche Bundesländer – Nordrhein-Westfalen

Verdrehte Umschreibungen zum Schmunzeln. Im Zweifelsfalle hilft der Atlas weiter. Gesucht werden nordrhein-westfälische Städte, Landschaftsräume und Gewässer. Die hervorgehobenen Buchstaben ergeben von oben nach unten gelesen ein landestypisches Lösungswort.

Beispiel: Hügelige Gezeiten = ***Ebbe***

Es gilt ä, ö, ü, ß

1. Hinweis auf eine Gesichtsöffnung.
2. Palmenfrüchte, gibt's in der Stadt meist zu Weihnachten.
3. Alle Sportler wollen dies.
4. Flüssige Durchfallerkrankung.
5. In der Unnachgiebigkeit typisch westfälisch.
6. Wo die Kellner wohnen.
7. Oben liegende städtische kalte Jahreszeit.
8. Diese Stadt erringt den ersten Platz bei den Festungen.
9. Was man bei Hunger tun sollte.
10. Was die Bochumer Autofahrer im Schilde führen auf Meereshöhe (Abk.).
11. Gesichtsteil in fließendem Deutsch.
12. Nicht süße Region.
13. Gewürztes Hackfleisch für ihn.

1	2	3	4	5	6	7	8	9	10	11	12	13

Geografie-Rätsel mit Pfiff! / 8.-13. Schuljahr
Nicht alltägliche Rätsel zum Lernen & Schmunzeln - Bestell-Nr. 11 430
KOHL VERLAG Der Verlag mit dem Baum
www.kohlverlag.de

2 Deutsche Bundesländer – Rheinland-Pfalz

Verdrehte Umschreibungen zum Schmunzeln. Im Zweifelsfalle hilft der Atlas weiter. Gesucht werden rheinland-pfälzische Städte, Landschaftsräume und Gewässer. Die hervorgehobenen Buchstaben ergeben von oben nach unten gelesen ein landestypisches Lösungswort.

Beispiel: Staat mit Schmerzensschrei = ***Landau***

Es gilt ä, ö, ü, ß

1. Dieses Städtchen ruht sanft im Eiderdaunenbett.
2. Eidgenössische Hauptstadt mit Befestigungsanlage, bildet phonetisch mit Q und S eine Doppelstadt.
3. Entsteht, wenn Kuh und Esel sich vereinigen und Helium mittendrin kurz entfleucht.
4. Auf der Gewittererscheinung hoch oben steht des Königs Stuhl.
5. Im Zweifel ein Mittelgebirge.
6. Ungebrauchter Verdauungstrakt.
7. Hier stehen nicht die Jungen vor den Gotteshäusern.
8. Götterbote mit Spaltwerkzeug.
9. Englischer Schinken vor dem Rinnsal, schlossendlich bekannt.
10. Von hier aus kann das flugunfähige Geflügel doch fliegen.
11. Waschanlage, Sinnbild des Christentums, nicht vor.
12. Diesen Fluss zu finden liegt nicht fern.
13. Rheinisches Gegenstück zu Ausdievor.
14. Hellhäutige Laubbäume vor der Ackerparzelle.

1	2	3	4	5	6	7	8	9	10	11	12	13	14

Geografie-Rätsel mit Pfiff! / 8.-13. Schuljahr - Bestell-Nr. 11 430
Nicht alltägliche Rätsel zum Lernen & Schmunzeln
KOHL VERLAG Der Verlag mit dem Baum
www.kohlverlag.de

2 Deutsche Bundesländer – Saarland

Verdrehte Umschreibungen zum Schmunzeln. Im Zweifelsfalle hilft der Atlas weiter. Gesucht werden saarländische Städte, Landschaftsräume und Gewässer. Die hervorgehobenen Buchstaben ergeben von oben nach unten gelesen ein landestypisches Lösungswort.

Beispiel: Gurkengraut mit Mädchenname und kurzem Stickstoff = ***Dillingen***

Es gilt ä, ö, ü, ß

1. Städtische oberste Zahnschicht.
2. Ein Achbel ist saarländisch verdreht.
3. Rinnsal hinterm alten Firnschnee.
4. Beinteil mit kurzem Radon.
5. Stadt mit weniger als zehn Gotteshäusern.
6. Die Quelle dieses Flusses zu finden liegt nicht fern.
7. Heilige verlängerte Umkehr.
8. Verbales Startzeichenzuhause.
9. Hinten abgebrochenes Austernprodukt.
10. Feiert mit Paul den Namenstag auf der Anhöhe.
11. Seifenlaugenblasenerhöhung.
12. Nicht gefangen, der Ältere (kurz).
13. In fließendem Saarländisch in der Vergangenheit blasen.
14. Grenzfluss in losem Buchstabensalat.

1	2	3	4	5	6	7	8	9	10	11	12	13	14

Geografie-Rätsel mit Pfiff! / 8.-13. Schuljahr
Nicht alltägliche Rätsel zum Lernen & Schmunzeln - Bestell-Nr. 11 430
KOHL VERLAG Der Verlag mit dem Baum
www.kohlverlag.de

2 Deutsche Bundesländer – Sachsen

Verdrehte Umschreibungen zum Schmunzeln. Im Zweifelsfalle hilft der Atlas weiter. Gesucht werden sächsische Städte, Landschaftsräume und Gewässer.

Beispiel: Ungläubige mit Schmerzensschrei = ***Heidenau***

Es gilt ä, ö, ü, ß

1. 4. Fall des bestimmten Artikels hinter der kurzen Ärztegemeinschaft.

9						4

2. Einfache Unterkunft aus Quarzsand, Pottasche und Kalkstein.

				1				16

3. Helle Farbe in Verbindung mit der Verbindung von H_2 und O.

		3							

4. Die Stadt heißt Betuchtenwasserlauf oder so ähnlich

5									7	

5. Kellner mit halbwarmer Ruheposition auf dem Stuhl.

			11				14			

6. Nicht gefangener städtischer Geländeeinschnitt.

				15		

7. Hänge B an L und es wird flüssig.

12			

8. Er steht hinter dem Schmerzensschrei, aber vor dem Rinnsal.

			13				8

9. Fließende Geländevertiefung.

				2

10. Kurze Abgasuntersuchung mit Essener Kennzeichen.

		10

11. Diebischer Vogel hinter der hellen Farbe.

		6		

1	2	3	4	5	6	7	8	9	10	11	12	13	14	15	16

Geografie-Rätsel mit Pfiff! / 8.-13. Schuljahr - Bestell-Nr. 11 430
Nicht alltägliche Rätsel zum Lernen & Schmunzeln
KOHL VERLAG Der Verlag mit dem Baum
www.kohlverlag.de

2 Deutsche Bundesländer – Sachsen-Anhalt

Verdrehte Umschreibungen zum Schmunzeln. Im Zweifelsfalle hilft der Atlas weiter. Gesucht werden sachsen-anhaltinische Städte, Landschaftsräume und Gewässer.

Beispiel: Altes Gemäuer = ***Burg***

Es gilt ä, ö, ü, ß

1. Zugedeckte Sportarena.
2. Leibwache – Insbettplatzieren.
3. Klebrige Baumabsonderung hoch oben.
4. Nicht wohlschmeckende Ackerparzelle.
5. Kann oben mit Paulshügel Namenstag feiern.
6. Städtische Aufforderung an die Kuh, doch endlich zu gebären.
7. Fließende Geländevertiefung.
8. Gefrorenes Dasein.
9. Verdrehte Akne.
10. Fließt in aller Laster Anfang.
11. Aufforderung an die Reinemacherin, den Landstrich zu säubern.
12. Landschaftlich gesehen eine antike deutsche Währung.
13. 50% mit Personalpronomen – Urbanisation.
14. Gewürzfächer.

KOHL VERLAG Der Verlag mit dem Baum www.kohlverlag.de
Geografie-Rätsel mit Pfiff! / 8.-13. Schuljahr
Nicht alltägliche Rätsel zum Lernen & Schmunzeln - Bestell-Nr. 11 430

2 Deutsche Bundesländer – Schleswig-Holstein

Verdrehte Umschreibungen zum Schmunzeln. Im Zweifelsfalle hilft der Atlas weiter. Gesucht werden schleswig-holsteinische Städte, Landschaftsräume und Flüsse.

Beispiel: Wenn es schon nicht am Wasser lag, dass den trinkfesten Insulanern der Schädel brummte, woran lag es dann? = ***Amrum***

Es gilt ä, ö, ü, ß

1. Vor dieser Festung jammern die Raser und Falschparker.
2. Himmelsrichtung mit heiliger (kurz) Begrenzung.
3. Anfangs irrtümliche Zelterlaubnis.
4. Hafenstadt, hat hoffentlich immer eine Handbreit Wasser darunter.
5. Keine Pechurbanisation.
6. Es spricht sich flüssig, wenn er hinter dem Schwur steht.
7. Im Humus vermischt.
8. Was die athletische Rosendahl und die politische Simonis vorn städtisch verbindet.
9. Landschaftliches Fischfangen.
10. Altes Gemäuer auf der Insel.
11. Deutsches Sao Porto.
12. Heiliges (kurz) Grußwort.
13. Das Gegenstück zu Osterwasser.
14. Hänge B an L und es wird flüssig.
15. Kurzer Trierer, sei gegrüßt (lat.), fließend ausgesprochen.
16. Städtischer Staubfänger.

1	2	3	4	5	6	7	8	9	10	11	12	13	14	15	16	17	18	19	20

Geografie-Rätsel mit Pfiff! / 8.-13. Schuljahr - Bestell-Nr. 11 430
Nicht alltägliche Rätsel zum Lernen & Schmunzeln
KOHL VERLAG Der Verlag mit dem Baum
www.kohlverlag.de

2 Deutsche Bundesländer – Thüringen

Verdrehte Umschreibungen zum Schmunzeln. Im Zweifelsfalle hilft der Atlas weiter. Gesucht werden thüringische Städte, Landschaftsräume und Gewässer. Die hervorgehobenen Buchstaben ergeben von oben nach unten gelesen ein landestypisches Lösungswort.

Beispiel: Kellnerbauerngut = ***Oberhof***

Es gilt ä, ö, ü, ß

1. Ungebrauchte große Siedlungsform.
2. Metall mit Stoßseufzer.
3. Wenn er vor dem seichten Flussübergang steht, kommt er in die Stadt.
4. Verdrehte Rage.
5. Jahreszeit mit Hinweiswort.
6. Ein Skandinavier bestimmt diese Landschaft.
7. Je nachdem wo man sucht, findet man die Stadt weit vorne.
8. Kein kleiner Eilandhügel.
9. Flüssige Schutzhülle für offene Wagen.
10. In dieser Urbanisation ist Völler vornamentlich zu Hause.
11. Verdrehtes Warmei.
12. Klebrige Baumabsonderung hoch oben.
13. Anfangsbuchstabe mit Endpunkt der Erdachse, nicht weg.
14. Ackerparzelle hinter dem gefrorenen Wasser.

1	2	3	4	5	6	7	8	9	10	11	12	13	14

Geografie-Rätsel mit Pfiff! / 8.-13. Schuljahr
Nicht alltägliche Rätsel zum Lernen & Schmunzeln - Bestell-Nr. 11 430
KOHL VERLAG Der Verlag mit dem Baum
www.kohlverlag.de

2 Deutsche Bundesländer – Hamburg & Bremen

Verdrehte Umschreibungen zum Schmunzeln. Im Zweifelsfalle hilft der Atlas weiter.
Gesucht werden geographische Begriffe aus Hamburg und Bremen.

Beispiel: Schiffstau mit Personalpronomen und Transportmittel = ***Reeperbahn***

Es gilt ä, ö, ü, ß

1. Ländliche Ortschaft hinter Hügeln.
2. B nach L .
3. Englischer Schinken vor der Festung.
4. Kellner, ungebraucht, Staat in Bremen.
5. Nichtbetagt, unnah, Vergangenheits-Tätigkeit an einer Leiter (1. P. sing.).
6. Heilig (Abk.), feiert mit Peter und italienischem Kennzeichen Namenstag.
7. Sternzeichen-Absatzgebiet.
8. Kurzes Aluminium, mit Holzzählmaß wird's flüssig.
9. Dachbodenurbanisation.
10. Gebäudefraktur.
11. Betagter Ackerbesitz.
12. Bremer stadtteiliger großer Fluss.
13. Schwünge beim Skilaufen.
14. Nicht jung mit kurzem Sauerstoff und Natrium.
15. Anlegeplätze für Schiffe in Bremen.
16. Amerik. Präsidentenflussüberquerungs-bauwerk.
17. Altbundeskanzlerfeuer.
18. Wenn er hinter dem Weseler Kennzeichen steht, wird's in Bremen flüssig.

1	2	3	4	5	6	7	8	9	10	11	12	13	14	15	16	17	18

Geografie-Rätsel mit Pfiff! / 8.-13. Schuljahr - Bestell-Nr. 11 430
Nicht alltägliche Rätsel zum Lernen & Schmunzeln
KOHL VERLAG Der Verlag mit dem Baum
www.kohlverlag.de

3 Verdrehte Umschreibungen – Afrika

Verdrehte Umschreibungen zum Schmunzeln. Im Zweifelsfalle hilft der Atlas weiter. Gesucht werden afrikanische Länder und Städte.

Beispiel: Hafenmauer mit rumänischem Kennzeichen = ***Kairo***

Es gilt ä, ö, ü, ß

1. Kausal verdreht.
2. Was man in Kiel, Gera, Augsburg und Lindau im Schilde führt, klingt afrikanisch.
3. Waldfeenkörperteil am Meeresufer.
4. Barbies Freund mit Eselsruf.
5. Dann kam er und sah, dass das Land schon geschrieben stand.
6. Erster Mitlaut mit Großmutters Kosename.
7. Wasserpflanze, nichts auf Französisch.
8. Zustimmungswort plus Vokal.
9. Kurz: der Ältere, gleichgültig.
10. „Schau mir in die Augen Kleines, dann siehst Du das Weiße Haus".
11. Jopi Heesters richtiger Vorname mit Festung.
12. Hier ist sogar der Preisnachlass noch gekürzt.
13. Staatlich verdrehte Ringe.
14. Die Briten würden sagen, dieses Land sei quasi „zum Mitnehmen".

1	2	3	4	5	6	7	8	9	10	11	12	13	14

Geografie-Rätsel mit Pfiff! / 8.-13. Schuljahr
Nicht alltägliche Rätsel zum Lernen & Schmunzeln - Bestell-Nr. 11 430
KOHL VERLAG Der Verlag mit dem Baum
www.kohlverlag.de

3 Verdrehte Umschreibungen – USA

Verdrehte Umschreibungen zum Schmunzeln. Im Zweifelsfalle hilft der Atlas. Gesucht werden US-amerikanische Bundesstaaten, Städte und Gewässer.

Beispiel: Hessischer Fluss mit Essener Kennzeichen = ***Maine***

Es gilt ä, ö, ü, ß

1. Reicher Erdtrabant.
2. Kellner mit Personalpronomen – Gewässer.
3. Verdrehter Salut in Oklahoma.
4. Städtisches Kleinkinderspielzeug an der Decke.
5. Badezweiteiler, ringförmig mit Korallen besetzt.
6. Fragewort, in der Vergangenheit hängen mit Töpfermasse.
7. Die arabische Begrüßung beginnt Bundesstaathauptstädtisch.
8. Die Yankees sehen im Zusammenhalt was großes Kurzes.
9. Städtisch gesehen die schönste Frau des Altertums.
10. A - d - c klingt in der italienischen Tonleiter amerikanisch.
11. Fräulein Unseri in fließendem Amerikanisch.
12. Holzstab mit wasserundurchlässigem Boden, städtisch.
13. Hagener Kennzeichen hinter Großmutters Kosename.
14. War schon in der Sexta verdreht.
15. Riecht in der Vergangenheit mit Essigäther.
16. Ein See inmitten der Ferienzeit.
17. Aschescheuender feuerverjüngter städtischer Vogel.

1	2	3	4	5	6	7	8	9	10	11	12	13	14	15	16	17

Geografie-Rätsel mit Pfiff! / 8.-13. Schuljahr - Bestell-Nr. 11 430
Nicht alltägliche Rätsel zum Lernen & Schmunzeln
KOHL VERLAG Der Verlag mit dem Baum
www.kohlverlag.de

4 Geographische Begriffe – Querdenker 1

Erdkunde zum Schmunzeln. In kniffligen Fragestellungen werden allgemeine Begriffe aus der Geographie gesucht.

Beispiel: Hoffnungskoloriertes Staatsgebiet für Viehherden = ***Grünland***

Es gilt ä, ö, ü, ß

1. Durchschnittshügelhäufung. Nichts Herausragendes.
2. Stelle an vor R und B. Wichtig bei Hofe.
3. Die englische Hexe hat nicht nur Böses im Sinn, sie beeinflusst auch in der Mitte kurz das Wetter.
4. Britisches Bein vor dem Spielschluss. Lesbar.
5. Gesindelgefrorenes. Türmt sich schon mal auf, verträgt sich aber auch wieder.
6. Eher umgekehrter Jungmännerwinter.
7. Steckt im Schimmel. Hoch oben.
8. Niedergeschlagener Donauzufluss. Versaut den Urlaub.
9. Des Kellners Mitte. Bedeutend für alles drumherum.
10. Kürzt man es vorn, wenn man das Wasser nicht halten kann, wird's riesig.
11. Diebstahlfuchsgebäude. Rücksichtslos.
12. Im Leben erkennst Du, wo meist kein Durchblick ist.
13. Untergewichtige (ugs.). Mit trockener Oberfläche.
14. Gelsenkirchener Kennzeichen mit Felsstück. Knüppelhart.
15. Hinter dem Magnetende liegen 100m² im Hellen.
16. Wird der Koran verstellt, stehen stürmische Zeiten bevor.
17. Körperteil mit kurzer Elektrizität. Zum Tauschen.
18. Ausweis. Auf Reisen im Gebirge wichtig.

1	2	3	4	5	6	7	8	9	10	11	12	13	14	15	16	17	18
19	20	21	22	23	24	25	26	27	28	29	30	31	32	33	34	35	36

Geografie-Rätsel mit Pfiff! / 8.-13. Schuljahr - Bestell-Nr. 11 430
Nicht alltägliche Rätsel zum Lernen & Schmunzeln
KOHL VERLAG Der Verlag mit dem Baum
www.kohlverlag.de

4 Geographische Begriffe – Querdenker 2

Erdkunde zum Schmunzeln. In kniffligen Fragestellungen werden allgemeine Begriffe aus der Geographie gesucht.

Beispiel: Wenn der Brite „Neingemacht“ sagt. Ständig auf Achse = ***Nomade***

Es gilt ä, ö, ü, ß

1. Niedergeschlagenheit. Drückt auch landschaftlich auf die Stimmung.
2. Zügiger Spaziergang auf schwerem, angeschwemmtem Boden.
3. Dickes Seil. Aufgrund der Feuchtigkeit leicht schlüpfrig.
4. Oberstes Halswirbelbuch.
5. Peruanische Hauptstadt mit Kölner Kennzeichen. Da wird's schon mal heiß und kalt.
6. Liegt ugs. gegenüber von Spätrechtseinschlafen.
7. Ungekochte Gewebe. Noch unverarbeitet.
8. Ärmellose Jacken. Liegen meist links.
9. Männliches Personal Pronomen vor den fabelhaften Grimbärten. Da dreht sich alles drum.
10. Ursachenflüssigkeit. Hoffentlich sauber.
11. Tagesklima mit Buchblatt. Verwittert schneller.
12. Nicht jung und mittellos. Sozusagen ein betagtes Körperteil zum Rumliegen.
13. Zeitraum des Mauerfalls mit rundem Gebilde. Da scheint schon mal die Sonne drauf.
14. Großer Wasserlauf-Schlafstelle.
15. Haartrockner. Fällt leicht, wenn er warm ist.
16. D hinter R und es wird fast kugelrund.
17. Niedergeschlagener Donauzufluss, kann man auf der Uhr ablesen.
18. Oberflächlich gesehen ein Instrument des Schlagzeugers.

1	2	3	4	5	6	7	8	9	10	11	12	13	14	15	16	17

18	19	20	21	22	23	24	25	26	27	28	29

Geografie-Rätsel mit Pfiff! / 8.-13. Schuljahr
Nicht alltägliche Rätsel zum Lernen & Schmunzeln - Bestell-Nr. 11 430
KOHL VERLAG www.kohlverlag.de

4 Geographische Begriffe – Querdenker 3

Erdkunde zum Schmunzeln. In kniffligen Fragestellungen werden allgemeine Begriffe aus der Geographie gesucht.
Beispiel: Maßeinheit für die elektrische Leistung. Schlüpfrig = ***Watt***

Es gilt ä, ö, ü, ss

1. Kurzer Anrufbeantworter vor dem Zimmer. Muss weg.
2. Vermischte Luft. Ansteigend.
3. 100m² vor der englischen zehn und dem großen Vermögen. Regenwaldtypisch.
4. Verdrehte Stege. Flachwellig.
5. Einzelnes Skatblatt. Ausschnittlich.
6. Diebstahl-Fuchswohnung. Negativ.
7. Ungekocht, Gewebe. Natürlich.
8. Verkehrshemmungsgewässer. Künstlich.
9. Wochensiebtel (Mz.)-Kaninchenbehausung. Löchrig.
10. Liebesgott mit elektrisch geladenem Teilchen. Hinwegfort.
11. Staatsgebietentweichen. Ein Aufstieg?
12. Polnisches Kennzeichen, älter (engl.). Hilfreich.
13. Skatwort, schnelle Fortbewegung (Imperfekt Singular). Oberflächlich.
14. Entwurf-Wochenteile. Agronomisch.
15. Kurzer Katalysator vor der Herbstblume. Amtlich.
16. Geflügelprodukt vor der englischen Bühne. Frostig.
17. Honigweinuniversum. Im Grunde stofflich.
18. Entwerfen (Imperativ), zehn (engl.). Sind aber nur acht.
19. Nicht heute. Flächig.
20. Blau mit gelb gemischtes Staatsgebiet. Fürs Vieh.

1	2	3	4	5	6	7	8	9	10	11	12	13	14	15	16	17	18	19	20

Geografie-Rätsel mit Pfiff! / 8.-13. Schuljahr - Bestell-Nr. 11 430
Nicht alltägliche Rätsel zum Lernen & Schmunzeln
KOHL VERLAG Der Verlag mit dem Baum
www.kohlverlag.de

4 Geographische Begriffe – (Bio-) Landwirtschaft

Verdrehte Umschreibungen zum Schmunzeln helfen beim Lösen des Rätsels. Die hervorgehobenen Buchstaben in den gesuchten Begriffen rund um die (Bio-) Landwirtschaft ergeben einen zeitgemäßen Lösungsspruch.
Beispiel: Phosphorzeichen mit Transport durch die Luft. Gräbt um. = *Pflug*

Es gilt ä, ö, ü, ß

1. Naturbelassener Staat mit Kneipe, sorgt für gesunde Lebensmittel.

2. Spanischer Fluss hinterm Euskirchener Kennzeichen, beinhaltet nahrhafte Flüssigkeit.

3. Die Lehre von der Natur am Anfang der heißen Zone mit kurzem Holmium gibt Auskunft über das Essen.

4. Naturdünger im englischen Herrn.

5. Veralteter Hausflur am naturbelassenen Gebäude mit Platz dahinter.

6. Kurze Aktiengesellschaft, selten mit neuem Gebäudeteil.

7. Langer Gewehrteil hinter der Kampfsportart mit Viehunterkunft.

8. Gerät aus einer kurzen Ärztegemeinschaft an einem wollgebenden Tierlaut mit der vornamentlichen Bono.

9. Milchgebende Kochstellen.

10. Naturbelassener nicht gestorbener Durchschnitt, gesund.

11. Stromleitungsträger für gewichtige Nutztiere.

12. Gebäudeteil mit amputiertem Hörorgan zum Schleppen.

4 Geographische Begriffe – (Bio-) Landwirtschaft

13. Alkoholisches Getränk im Schweinefleisch.

14. Hänge R an an und B daran und der Erstgeborene wird Chef.

15. Naturbelassener luftförmiger Stoff.

16. Was die Erbacher hinter dem Madrider Vorzeigeclub im Schilde führen zerkleinert.

17. Männliches Personalpronomen hinterm Speisefisch. Streichzart.

18. Staatskneipier, nicht in der Stadt.

19. Natürliches qualitätshinweisendes weibliches Personalpronomen mit Pomade.

20. Trifft der germanische Speer den Anfang vom Sterben so entsteht ein Getreide.

21. Eben Wochenteile. Großer Bauernhof.

1	2	3	4	5	6	7	8	9	10	11	12	13	14	15	16	17	18	19	20	21

KOHL VERLAG Der Verlag mit dem Baum
Geografie-Rätsel mit Pfiff! / 8.-13. Schuljahr
www.kohlverlag.de Nicht alltägliche Rätsel zum Lernen & Schmunzeln - Bestell-Nr. 11 430

5 Scrabble – Europa Städte

Wer gerne Scrabble spielt, entdeckt Europas Städte. Die internationalen KFZ-Kennzeichen helfen dabei.
Beispiel: STÜRMEN (D) = ***MÜNSTER***

Es gilt ä, ö, ü, ß

1. RATTEN (I) — 6 Felder (6. Feld: 16)
2. VORAHNEN (D) — 8 Felder (8. Feld: 8)
3. STIERT (I) — 6 Felder (3. Feld: 14, 6. Feld: 5)
4. KEIL (D) — K I E L (4. Feld: 19)
5. SPARTA (GR) — 6 Felder (6. Feld: 1)
6. RAGE (D) — 4 Felder (4. Feld: 3)
7. SENNER (F) — 6 Felder (6. Feld: 6)
8. ABWEISEND (D) — 9 Felder (5. Feld: 10, 7. Feld: 4)
9. SOLO (N) — O S L O (1. Feld: 18, 3. Feld: 12)
10. WELSE (D) — W E S E L (5. Feld: 20)
11. MEINS (F) — 5 Felder (5. Feld: 15)
12. SENSE (D) — 5 Felder (4. Feld: 13)
13. RECHTES (GB) — 7 Felder (1. Feld: 7, 5. Feld: 2)
14. SANNTE (F) — 6 Felder (4. Feld: 17)
15. AHNTE (GR) — A T H E N (1. Feld: 9)
16. GERBEN (N) — 6 Felder (1. Feld: 11)

1	2	3	4	5	6	7	8	9	10	11	12	13	14	15	16	17	18	19	20

KOHL VERLAG Der Verlag mit dem Baum www.kohlverlag.de
Geografie-Rätsel mit Pfiff! / 8.-13. Schuljahr - Bestell-Nr. 11 430
Nicht alltägliche Rätsel zum Lernen & Schmunzeln

6 Anagramme – Stadt - Land - Fluss

Durch Buchstabenumstellungen kommen weltweite Städte, Länder und Flüsse zum Vorschein.
Beispiel: Rode = ***ODER***

Es gilt ä, ö, ü, ß

Nr.	Wort													
1.	ALPEN	N	E	P	A	6 L								
2.	IHREN	R	H	E	I	17 N								
3.	TOKIO				5									
4.	BAKU				3									
5.	NAHTE				24	8								
6.	EISEN	14												
7.	LAUT		12											
8.	RAKI			7										
9.	MOLE	11		18										
10.	ABWEISEND			15				23						
11.	LASTEND				9		21							
12.	PASTINAK					13			22					
13.	SALUT			20	1									
14.	MALI		16											
15.	RECHTES				26	2								
16.	ROBE			25										
17.	NACHGAFFERBUS	19						10						
18.	BARDE				4									

1	2	3	4	5	6	7	8	9	10	11	12	13
14	15	16	17	18	19	20	21	22	23	24	25	26

Geografie-Rätsel mit Pfiff! / 8.-13. Schuljahr
Nicht alltägliche Rätsel zum Lernen & Schmunzeln - Bestell-Nr. 11 430
KOHL VERLAG Der Verlag mit dem Baum
www.kohlverlag.de

6 Anagramme – Deutsche Flüsse

Durch geschickte Buchstabenumstellungen kommen deutsche Flüsse zum Vorschein.

<u>Beispiel</u>: Speer = ***SPREE***

1.	LEBE		5				
2.	SARI		7		21		
3.	NEGER					18	
4.	REDE		9				
5.	RUFT	10		4			
6.	RAUBTE			6			
7.	AHNE			13			
8.	EILEN			15	3		
9.	SIEBE				8		
10.	WERTET		20				
11.	RAH			11			
12.	RALLE				1		
13.	ALPEN				16		
14.	IHREN			14	2		
15.	ELCH			12			
16.	LANG			17			
17.	RODE		19				

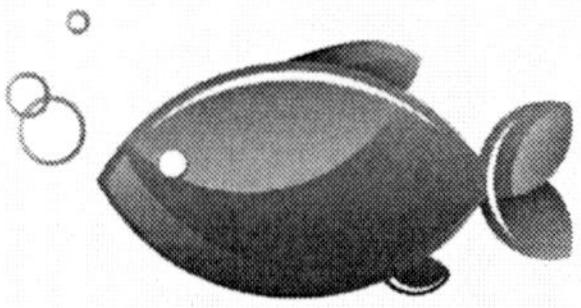

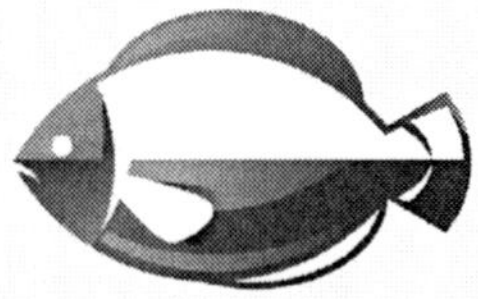

1	2	3	4	5	6	7	8	9	10	11	12	13	14	15	16	17	18	19	20	21

Geografie-Rätsel mit Pfiff! / 8.-13. Schuljahr - Bestell-Nr. 11 430
Nicht alltägliche Rätsel zum Lernen & Schmunzeln
KOHL VERLAG
www.kohlverlag.de

6 Anagramme – Deutsche Städte

Durch geschickte Buchstabenumstellungen kommen deutsche Städte zum Vorschein.
Beispiel: Pole = ***OLPE***

1. SENSE			7										
2. RÜDEN			2										
3. RAGE	17												
4. RENNLAGE				19									
5. FAULEN			1			5							
6. STÜRMEN	21				9								
7. BRACHE				8									
8. REHEN				15									
9. NACHGAFFERBUS	4											18	
10. ABWEISEND		10											
11. WELSE			13										
12. VORAHNEN		14											
13. DONNER						12							
14. MORSE		11											
15. HALMEN		16	20										
16. RÜBEN	3												
17. IRRTE			6										

1	2	3	4	5	6	7	8	9	10	11	12	13	14	15	16	17	18	19	20	21

Geografie-Rätsel mit Pfiff! / 8.-13. Schuljahr - Bestell-Nr. 11 430
Nicht alltägliche Rätsel zum Lernen & Schmunzeln
KOHL VERLAG Der Verlag mit dem Baum
www.kohlverlag.de

6 Anagramme – Internationale Flüsse

Durch geschickte Buchstabenumstellungen kommen internationale Flüsse zum Vorschein. Die KFZ-Kennzeichen erleichtern das flüssige Lösen.
Beispiel: IHREN (D) = ***RHEIN***

Es gilt
ä = ae, ö = oe, ü = ue

1.	OHREN (F)	25				7	
2.	RAUM (RUS)	12			8		
3.	RILLE (D)	4		23			
4.	NIESE (F)		15			1	
5.	SARI (D)	2		18			
6.	ROBE (E)			17			
7.	REIBT (I)	14					
8.	VERSEN (USA)	16					3
9.	VASE (HR)	11	24				
10.	REISE (F)					9	
11.	BRATEN (I)				5	20	
12.	RODE (D)			19			
13.	STIER (RUS)			6		21	
14.	LEBE (D)	22					
15.	BEIN (BOL)			13			
16.	LOSEM (D)			10			
17.	TRAUBE (D)	26					

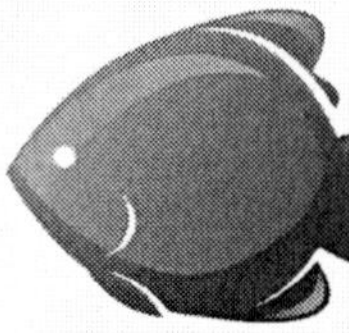

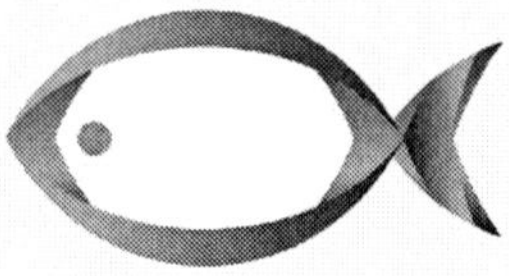

1	2	3	4	5	6	7	8	9	10	11	12	13	14	15	16

17	18	19	20	21	22	23	24	25	26

7 Schmunzelrätsel – Deutsche Städte 1

Erdkunde zum Schmunzeln. In kniffligen Fragestellungen werden deutsche Städte gesucht. Wenn Sie „Um-die-Ecke- Denken“ fallen die Antworten leicht.
Beispiel: Endbuchstabe mit Frettchen = ***Zwiesel***

Es gilt ä, ö, ü, ß

Waagerecht:

1. Baumrindenstadt
5. Der Ältere wartet kurz hinter der gallertartigen Substanz, aber noch vor den Gotteshäusern.
6. Zuhause des Riechorgans eines Dickhäuters.
9. Liegt gegenüber von Ausdievor.
12. Hinweiswort auf eine Gesichtsöffnung.
13. Hier ist nichts drin.
14. Schwermetall mit Stoßseufzer.
16. Kurze Abgasuntersuchung mit E.
17. Der Ältere steht kurz hinter dem Zahlwort.
19. Verdrehtes Warmei.
20. Die liegt in der Schulmathematik.
21. Schnelle Fortbewegung.
22. Hungerbekämpfung.
23. Wollen alle Wettkampfsportler.
24. Handelsgüter.

Senkrecht:

2. Jahreszeit der entscheidenden Schachfigur.
3. Unterster Längsbalken am Schiff.
4. Japanische Währung mit Kammerton
7. Kurze Baikal-Amur-Magistrale hochoben.
8. Schwer in Ordnung ist diese Stadt, besonders anfangs.
10. Gurkenkraut mit Mädchenname und Nürnberger Kennzeichen.
11. Mit kurzem Stickstoff verlängerter Gutschein.
15. Hier liegt ein englischer Schinken vor dem Festungswerk.
18. Vorn abgeschnittene Oberbekleidungen.
20. Nanu, da steckt doch eine Stadt drin.

Geografie-Rätsel mit Pfiff! / 8.-13. Schuljahr
Nicht alltägliche Rätsel zum Lernen & Schmunzeln - Bestell-Nr. 11 430
KOHL VERLAG Der Verlag mit dem Baum
www.kohlverlag.de

7 Schmunzelrätsel – Deutsche Städte 2

Erdkunde zum Schmunzeln. In kniffligen Fragestellungen werden deutsche Städte gesucht. Wenn Sie „Um-die-Ecke-Denken“ fallen die Antworten leicht.
Beispiel: Vorn abgeschnittene Oberbekleidungen = ***Emden***

Es gilt ä, ö, ü, ss

1. Aufforderung an eine Mischfarbe, nichts zu sagen.
2. Weniger als zehn Gotteshäuser.
3. Kurzes Kobald vor der Feste.
4. In der Vergangenheit kommen.
5. Nicht geschlossener Wasserlauf.
6. Süßliche Palmenfrüchte.
7. Nur wenig nass.
8. Gesichtspartien, die leicht erröten.
9. Männlicher Vorname vor der seichten Flussstelle.
10. Vermischter Humus.
11. Zuhause einer Landschaftserhebung.
12. Genau hinter der witzigen Filmidee.
13. Gegenstück zu Osterwasser.
14. Gewürztes Hackfleisch für ihn.
15. Der Kammerton steckt am altgermanischen Speer.
16. Unveränderlichkeit.
17. Liegt mitten in Überlingen.
18. Behaglich ausruhen.
19. Machte der Pädagoge gestern in der Schule.
20. Schützt die Pflanzen vor Austrocknung.
21. Riesengroßer Raum.
22. Vierter Fall der unteren Gehwerkzeuge.

Geografie-Rätsel mit Pfiff! / 8.-13. Schuljahr - Bestell-Nr. 11 430
Nicht alltägliche Rätsel zum Lernen & Schmunzeln
KOHL VERLAG
Der Verlag mit dem Baum
www.kohlverlag.de

7 Schmunzelrätsel – Deutsche Gebirgs- und Landschaftsräume

Geographie zum Schmunzeln. In kniffligen Fragestellungen werden deutsche Gebirge und Landschaftsräume gesucht. Wenn Sie „Um-die-Ecke-Denken“ finden Sie schnell die Lösung.

Beispiel: Hohe Spielkarten, hoffentlich strahlen sie nicht. = ***Asse***

Es gilt ä, ö, ü, ß

1. Antike deutsche Währung.
2. Gebirge in Nepal.
3. Stark riechender Gewürzstaat.
4. **waagerecht:** Klebrige Baumabsonderung.
4. **senkrecht:** Westfälische Kopfbedeckung.
5. Kellner mit halbwarmer Ruheposition auf dem Stuhl.
6. Erhebungen eines Ackergerätes.
7. Nicht süßer Landstrich.
8. Metallhaltiges Gestein hoch oben.
9. **waagerecht:** Lobgesänge - Baumansammlung.
9. **senkrecht:** Ruptur hinter dem Wort des Zweifelns.
10. Der Bergmannsvorarbeiter sieht hier nur Harthölzer.
11. Tagesklima mit Felsbrockenerhebungen.
12. Kurzzeitklima in feuchter Niederung.
13. **waagerecht:** Umhülltes zerhacktes Fleisch mit Ennepetaler Kennzeichen.
13. **senkrecht:** Aufforderung an die Reinemacherin, den Landstrich zu säubern.
14. Nicht geliebte Erhebungen.
15. Gezeiten - Landstrich
16. Landschaftliches Fischefangen
17. Im Zweifel eine Mittelgebirge.
18. Luftdruckausgleichbewegung mit hinten gekürzter Steighilfe.

Geografie-Rätsel mit Pfiff! / 8.-13. Schuljahr
Nicht alltägliche Rätsel zum Lernen & Schmunzeln - Bestell-Nr. 11 430
KOHL VERLAG Der Verlag mit dem Baum
www.kohlverlag.de

7 Schmunzelrätsel – Deutsche Flüsse

In kniffligen Fragestellungen werden große und kleinere deutsche Flüsse gesucht. Wenn Sie „Um-die-Ecke-Denken“ fällt die Lösung leicht.

<u>Beispiel</u>: Großer Raum mit Essener Kennzeichen = ***Saale***

Es gilt ä, ö, ü, ß

Waagerecht:

1. Niederschlag
3. Die liegt nicht fern.
4. Fließt nicht bis ins Äußerste.
7. Nicht süß.
8. Wort des Zweifelns.
9. Tagesklima
10. Gesichtsteil
12. Hundeausführungsutensil
15. In Wahrheit ein Zufluss.
16. Fluss in der Innenstadt.
18. Hänge B an L.
19. Flüssige Durchfallerkrankung.
20. Mäandriert nicht in festem Untergrund, sondern in losem.

Senkrecht:

1. Kurzer Rhesusfaktor mit unbestimmtem Artikel.
2. Blassgrüner Schmuckstein.
5. Ein Gehörloser.
6. Rasenfläche.
9. Altdeutsch für wessen mit männlichem Personalpronomen.
11. Wagenbespannung.
13. Pumukels Meister.
14. Erster Platz.
17. Adelsfrau, mittig konsonantisch erweitert.
19. Stoffbeschädigung.

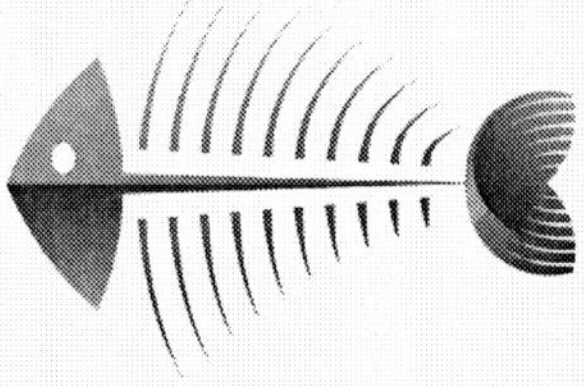

www.kohlverlag.de
Geografie-Rätsel mit Pfiff! / 8.-13. Schuljahr - Bestell-Nr. 11 430
Nicht alltägliche Rätsel zum Lernen & Schmunzeln

7 Schmunzelrätsel – Allgemeine Erdkunde

In kniffligen Fragestellungen werden allgemeine Begriffe zur Geographie gesucht. Wenn Sie „Um-die-Ecke-Denken“ fällt die Lösung leicht.

Beispiel: Holzgewächs mit Staatsrand, höhenabhängig = ***Baumgrenze***

Es gilt ä, ö, ü, ß

Waagerecht:

1. Wenn Alwine stürzt und sich verdreht, kann sie vieles kaputtmachen.
3. Gegenteil von Geschlossenanfang, erkenntnisreich.
6. Oberflächliches Instrument des Schlagzeugers.
7. Ursachenflüssigkeit, Vorsicht bei Verschmutzung.
9. Klingt ungefähr so wie das Gegenteil von Spätrechtseinschlafen.
10. Netzangler mit Geflügelprodukt.
13. Monokulturelle Entwurf-Wochenteile.
15. Kürzt man es vorn, wenn man das Wasser nicht halten kann, wird es viel größer.
18. Hänge R an an, und mit B wird der Erstgeborene Chef.
20. Hier dreht sich alles um ein männliches Personalpronomen mit Grimbärten.
21. Singe verdreht und es klingt metamorph.
22. Wenn der Trinker die nicht bezahlt, wird sie bald stillgelegt.

Senkrecht:

2. Ärmellose Jacken liegen meist links.
3. Eher umgekehrter Jungmännerwinter.
4. Kennzeichnen den Gelsenkirchener vor den Felsstückchen, äußerlich hart.
5. Im Leben erkennst du, wo meist kein Durchblick ist.
8. Anfangs verlängerter Rätsellöser, auf den Trichter muss man erst einmal kommen.
10. Wächst im Frost, wächst aber nicht bei Frost.
11. Der (kurze) Sportclub der Bergarbeiter ist manchmal heftig niedergeschlagen.
12. Hänge D an R und es wird fast kugelrund.
14. Nicht jung und nicht reich, quasi ein betagter Körperteil zum flüssigen Rumliegen.
16. Hält die Fäden zusammen, steckt auch in Banknoten und misst Geschwindigkeiten.
17. Ein Tadel verdreht sich zu Größerem, wenn er einfließt.
19. Zügiger Spaziergang auf schwerem, angeschwemmtem Boden.

Geografie-Rätsel mit Pfiff! / 8.-13. Schuljahr - Bestell-Nr. 11 430
Nicht alltägliche Rätsel zum Lernen & Schmunzeln
KOHL VERLAG Der Verlag mit dem Baum
www.kohlverlag.de

7 Schmunzelrätsel – Länder

In kniffligen Fragestellungen werden Länder gesucht. Wenn Sie „Um-die-Ecke-Denken“ fallen die Antworten leicht.

Beispiel: Großmutters Kosename mit kurzem Stickstoff = ***Oman***

Es gilt ä, ö, ü, ß

1. Waldfee-Körperteil am Meeresufer.
2. Wohlhabender männlicher Vorname.
3. Barbies Freund mit Eselsruf.
4. Wasserpflanze mit nichts auf Französisch.
5. Vermischter Raki.
6. Obere Extremitäten, keinesfalls mit N.
7. **waagerecht:** Grammmolekül mit Hinweiswort auf die Austria-Hauptstadt.
7. **senkrecht:** Whiskeysorte mit kurzem Ampere.
8. Es Außerirdische (engl.)
9. Lithium (kurz) vom Eise befreien.
10. Zustimmung zur Bambusflöte.
11. Zum Mitnehmen (engl.)
12. Zustimmung, dass der Wonnemonat vor dem Karlsruher Kennzeichen steht.
13. Gleichgültig hinter dem kurzen Älteren (lat.).
14. Kein weiter Staat.
15. Raubfisch mit kurzem Titan-Schwanz
16. Kurze Vereinte Nationen mit Nähutensil.
17. **waagerecht:** Königreich in den Alpen.
17. **senkrecht:** Verdrehte Ringe.
18. Belgische Rennsportstadt, keinesfalls mit Nürnberger Kennzeichen
19. Sächliches Personalpronomen hinter dem großen Meeressäuger
20. Konsonant hinter den Magnetenden

Geografie-Rätsel mit Pfiff! / 8.-13. Schuljahr
Nicht alltägliche Rätsel zum Lernen & Schmunzeln - Bestell-Nr. 11 430
KOHL VERLAG Der Verlag mit dem Baum
www.kohlverlag.de

7 Schmunzelrätsel – Länder und Hauptstädte

In kniffligen Fragestellungen werden Länder und Hauptstädte gesucht.
Wenn Sie„Um-die-Ecke-Denken" fallen die Antworten leicht.
Beispiel: Zustimmung zur Bambusflöte = ***Japan***

Es gilt ä, ö, ü, ß

1. **waagerecht:** Sagenhafter Prinz von Troja, als Helenas Entführer enttarnt.
1. **senkrecht:** Formel-1-Qualifyingsiegerposition mit Nürnberger Kennzeichen.
2. Vokal mitten auf der mehrsitzigen Polsterliege.
3. Wort der Zustimmung, dass der Wonnemonat vor dem Karlsruher Kennzeichen steht.
4. Großmutters Kosename mit Stickstoffzeichen.
5. Ungebrauchter Binnengewässerstaat.
6. Stabbarrenholz.
7. Der verdrehte Alwin ist Hauptstädter.
8. Kurzes Lithium und die Temperatur über den Gefrierpunkt erhöhen.
9. Kein weiter Staat.
10. Hänge einen Baumteil vorn an a.
11. Zum Staat verdrehte peruanische Hauptstadt.
12. Gemeinsame Stoßstangenverzierung von Kiel, Gera, Augsburg und Lindau.
13. **waagerecht:** Barbies Freund mit Eselsruf.
13. **senkrecht:** Kurzer Katalysator mit 100 m^2.
14. Wenn das Mannheimer Kennzeichen mittendrin sehr betagt ist.
15. Kurzer Einkommenssteuer-Staat.
16. Berliner Kennzeichen vorn an der übergroßen Nase.
17. Der kurze Ältere (lat.), gleichgültig.
18. Sehr feuchter Schmerzensschrei.
19. Rheinische ugs. Aufforderung an den Bäckerazubi sofort an die Arbeit zu gehen.

KOHL VERLAG Der Verlag mit dem Baum www.kohlverlag.de
Geografie-Rätsel mit Pfiff! / 8.-13. Schuljahr - Bestell-Nr. 11 430
Nicht alltägliche Rätsel zum Lernen & Schmunzeln

7 Schmunzelrätsel – Die schönste Zeit des Jahres

Rätselspaß zum Schmunzeln. In kniffligen Fragestellungen wird ihr Wissen um die schönste Zeit des Jahres auf die Probe gestellt. Gesucht werden Begriffe, die Sie mit Freizeit und Erholung in Verbindung bringen.

Beispiel: Vertrocknete Auerochsenblätter = ***Urlaub***

Es gilt ä, ö, ü, ß

1. Langzeitwettertausch.
2. Fixstern - Schutzgestell.
3. Vermischte Serie.
4. Heilige (kurz) südafrikanische Währung als Urlaubsziel.
5. Heiß (engl.) mit kurzer Elektrizität.
6. Genitiv Singular der kalten Jahreszeit mit englischem Hafen.
7. Verstellte Ampeln.
8. Erhebung, heilig (kurz), gehört Dir.
9. Nicht leere Beamtenrente.
10. Fränkischer Hausflur hinter der Mauer.
11. Lag in der Gegenwart mit Rasenfläche.
12. Basketballtreffer hinterm sandigen Meeresufer.
13. Genitiv Singular von H_2O mit Kieler Kennzeichen.
14. Plötzlich einsetzender Beschleunigungs-Kartoffelbehälter.
15. Leuchtender Himmelskörper – Salatdressingbestandteil.
16. Sinnbild des Christentums mit Schiffsgeschwindigkeit.
17. Gesindelgefrorenes. Aufgetürmt.
18. Verdrehte Reifen.
19. Verkürzte Tageszeit, kostspielig.
20. Südlicher (kurz) Gebirgsübergang (langsam geschrieben).
21. Vorbeistaat.

KOHL VERLAG Der Verlag mit dem Baum www.kohlverlag.de
Geografie-Rätsel mit Pfiff! / 8.-13. Schuljahr
Nicht alltägliche Rätsel zum Lernen & Schmunzeln - Bestell-Nr. 11 430

8 Auftauchrätsel – Deutsche Städte

Versteckte Hinweise. Beim schnellen Lesen der Texte übersieht man schon mal deutsche Städte. Also: Genau hinsehen und die Städte tauchen auf.
Beispiel: Lieber zu viel Hun***ger a***ls zu viel Durst, sagt sich der Trinker.

Es gilt ä, ö, ü, ß

1. Aus Krankheitsgründen konnte der Schüler lange nicht den Unterricht besuchen.

				2		25	

2. Die Frau war enttäuscht über die Reaktion ihres Mannes.

		19	6	

3. „Lutsche das Bonbon nicht zu schnell“, mahnt die Mutter.

		5	

4. „Wann kommt denn dein Mann heim“, fragte der Hausfreund.

			28			1	

5. Die Bibel ist eine Pflichtlektüre für Theologen.

			20	

6. Der Doppelpass auf Rechtsaußen brachte den Stürmer in Position.

13		23			

7. Kommt doch alle zu meiner Feier“, sagte der Jubilar.

				27

8. „Wie entsteht so ein Stau eigentlich?“, fragte das Kind den genervten Vater.

	14	

9. Der Internetsurfer sucht über Links die Verbindungen.

26					

10. Man verwechselt Autarkie leicht mit Autonomie.

	17		24

11. Je nachdem wo man am Strand sucht, findet man schöne Muscheln.

	3		22

12. Dem Regisseur fiel es schwer in der Szenenabfolge die Spannung zu halten.

8						4	

13. Scham macht blasse Wangen rot.

	10		

14. „Stelle sie verdeckt hin, sonst kann man die Kasse leicht einsehen“.

					15

15. Der Schäfer sah in der Furt die einzige Möglichkeit der Flussüberquerung.

	7				9

16. Da das Kind sagte, es esse nicht gerne Spinat, kochte die Mutter Möhren.

	16			

17. Naturvölker beten ihre Göttin genau so an wie den Gott.

			12				18	

18. Im Speiselokal dort mundet es besonders gut.

21							11

1	2	3	4	5	6	7	8	9	10	11	12

13	14	15	16	17	18	19	20	21	22	23	24	25	26	27	28

Geografie-Rätsel mit Pfiff! / 8.-13. Schuljahr - Bestell-Nr. 11 430
Nicht alltägliche Rätsel zum Lernen & Schmunzeln
KOHL VERLAG Der Verlag mit dem Baum
www.kohlverlag.de

8 Auftauchrätsel – Hauptstädte

Versteckte Hinweise. Beim schnellen Lesen der Texte übersieht man schon mal die Hauptstädte der Erde. Also: Genau hinsehen und die Metropolen tauchen auf.
Beispiel: Ich habe die Fa***bel fast*** ganz gelesen.

Es gilt ä, ö, ü, ß

1. Der Ombudsmann vertritt die Bürger.
2. Der Psychopath entwickelt sich geistesgestört.
3. Das Gewitter donnerte heran.
4. Opa riskiert viel beim Monopoli.
5. Beim havarierten Schiff am Kai roch es verdächtig aus der Kombüse.
6. Beim Stopp ragte der hintere Teil des Busses über den Abgrund.
7. Der Dieb entzog sich der Festnahme, indem er sich rigoros losriss.
8. „Spielt mehr über links“, mahnte der Trainer in der Taktikbesprechung.
9. Ich komme ja und eile mich.
10. Was Verliebte tun ist nicht immer rational.
11. „Du blinde Kuh, siehst Du das Stoppschild nicht?“
12. Die Lebensumstände entscheiden mit, wie normal man sich entwickelt.
13. Sie war traurig als er ging.
14. Der Wirtschaftsprofessor erklärte den Studenten, was sie über Autarkie wissen müssen.
15. Über Nacht fiel sehr viel Schnee.
16. Ich fühle mich wohl im Ausland.
17. Nach dem Trab attestierte der Schiedsrichter dem Pferd eine gute Prüfung.

1						

1	2	3	4	5	6	7	8	9	10	11	12	13	14	15	16	17

KOHL VERLAG Der Verlag mit dem Baum www.kohlverlag.de
Geografie-Rätsel mit Pfiff! / 8.-13. Schuljahr
Nicht alltägliche Rätsel zum Lernen & Schmunzeln - Bestell-Nr. 11 430

8 Auftauchrätsel – Europa

Beim schnellen Lesen der Texte übersieht man schon mal europäische Länder, Städte oder Flüsse. Also: Genau hinsehen und alle Begriffe tauchen auf.

Bsp.: Bei dem riskanten Stop*p ra*gte der hintere Teil des Wagens über den Abgrund.

Es gilt ä, ö, ü, ß

1. Die Frau sah nach der Kur aus wie neugeboren.

	7	20	

2. Brauchbares wird wiederverwertet, der Rest landet auf dem Müll.

		9				22

3. Der Gruselfilm war schauderhaft.

		19					2

4. Nach der Diät passten mir sogar normale Hosen wieder.

		17	

5. Opa riskierte einen Sturz, als er ohne Stock spazieren ging.

5			25	

6. Knapp oder nicht knapp, vorbei ist vorbei, lamentierte der Stürmer.

	4

7. „Wir landen in zehn Minuten", gab der Pilot durch.

	21		6		

8. Man darf Arme nie nur nach dem Aussehen beurteilen.

			24		11		

9. Es ist ein Irrglaube, dass das Wachs auf dem Ski ewig hält.

13		10	

10. Die Floristin stellt die Rose in eine Vase.

	1			18

11. Die Nachricht war traurig aber wahr.

	16		

12. Der Psychopath entpuppte sich als harmloser Verwirrter.

	23			

13. Der Meeresforscher sah, dass ein Fischschwarm den Pottwal eskortierte.

		26		8

14. Hinter und vor Omnibushaltestellen gilt ein striktes Parkverbot.

3		

15. Ein wohlerzogener Hund darf ein Kommando nicht missachten.

		12

16. Eigelb enthält viele Spurenelemente.

	14		

17. Tatsächlich fiel über Nacht sehr viel Schnee.

	15		

1	2	3	4	5	6	7	8	9	10	11	12	13	14	15	16	17	18	19	20	21	22	23	24	25	26

Geografie-Rätsel mit Pfiff! / 8.-13. Schuljahr - Bestell-Nr. 11 430
Nicht alltägliche Rätsel zum Lernen & Schmunzeln
KOHL VERLAG Der Verlag mit dem Baum
www.kohlverlag.de

9 Die Lösungen

1 „Um die Ecke gedacht“ – Deutschland verdreht

1. Wolfsburg; **2.** Gera; **3.** Dresden; **4.** Berlin; **5.** Feldberg; **6.** Mannheim; **7.** Oder; **8.** Essen; **9.** Celle; **10.** Norden; **11.** Eifel; **12.** Braunschweig; **13.** Zwiesel; **14.** Ulm; **15.** Königswinter; **16.** Offenbach; **17.** Tauber

Lösungssatz: *Deutschland um die Ecke gedacht.*

„Um die Ecke gedacht“ – (Ent)fremde(te) Hauptstädte

1. Berlin; **2.** Brüssel; **3.** Wien; **4.** Montevideo; **5.** Paris; **6.** Athen; **7.** Oslo; **8.** Lima; **9.** Washington; **10.** Warschau; **11.** Rabat; **12.** Lusaka; **13.** Roseau; **14.** Baku; **15.** Doha

Lösungssatz: *Da schaut die Welt hin.*

„Um die Ecke gedacht“ – (Ent)fremde(te) Länder

1. Ukraine; **2.** Panama; **3.** Venezuela; **4.** Togo; **5.** Spanien; **6.** Irak; **7.** Bhutan; **8.** Italien **9.** Algerien; **10.** Frankreich; **11.** Elfenbeinküste; **12.** Oman; **13.** Armenien; **14.** Kenia; **15.** Haiti; **16.** Nepal; **17.** Sudan; **18.** Litauen

Lösungssatz: *Auf unserem Planeten gibt es viele Staaten.*

„Um die Ecke gedacht“ – (Ent)fremde(te) Landschaftsräume

1. Cornwall; **2.** Neufundland; **3.** Harz; **4.** Toskana; **5.** Riesengebirge; **6.** Burgund; **7.** Venetien; **8.** Kaukasus; **9.** Alpen; **10.** Labrador; **11.** Siebenbürgen; **12.** Poebene; **13.** Schwarzwald; **14.** Istrien; **15.** Altai; **16.** Krim

Lösungssatz: *Tolle Landschaften liegen um die Ecke.*

„Um die Ecke gedacht“ – (Ent)fremde(te) Flüsse

1. Tauber; **2.** Wolga; **3.** Elbe; **4.** Seine; **5.** Main; **6.** Themse; **7.** Lippe; **8.** Ob; **9.** Ruhr; **10.** Ebro; **11.** Sieg; **12.** Ganges; **13.** Regen; **14.** Don; **15.** Po; **16.** Arno

Lösungssatz: *Leben und Arbeiten am Strom.*

„Um die Ecke gedacht“ – (Ent)fremde(te) Hauptstädte und Länder 1

1. Japan; **2.** Italien; **3.** Bagdad; **4.** Estland; **5.** Oslo; **6.** Litauen; **7.** Jamaika; **8.** Ungarn; **9.** Islamabad; **10.** Frankreich; **11.** Amman; **12.** Tibet; **13.** Armenien; **14.** Lima; **15.** Haiti

Lösungssatz: *Jedes Land hat eine Hauptstadt.*

„Um die Ecke gedacht“ – (Ent)fremde(te) Hauptstädte und Länder 2

1. Elfenbeinküste; **2.** Togo; **3.** Sofia; **4.** Algerien; **5.** Malta; **6.** Rabat; **7.** Paris; **8.** Athen; **9.** Island; **10.** Chile; **11.** Nassau; **12.** Berlin; **13.** Irak; **14.** Nepal; **15.** Polen

Lösungssatz: *Eine Hauptstadt ist eine Metropole.*

Geografie-Rätsel mit Pfiff! / 8.-13. Schuljahr - Bestell-Nr. 11 430
Nicht alltägliche Rätsel zum Lernen & Schmunzeln
KOHL VERLAG Der Verlag mit dem Baum
www.kohlverlag.de

9 Die Lösungen

2 Deutsche Bundesländer – Baden-Württemberg

1. Konstanz; **2.** Biberach; **3.** Friedrichshafen; **4.** Wuestenrot; **5.** Aalen; **6.** Zwingenberg; **7.** Freiburg; **8.** Mannheim; **9.** Kornwestheim; **10.** Ochsenhausen; **11.** Sachsenheim; **12.** Baden-Baden; **13.** Wangen; **14.** Heilbronn; **15.** Eberbach

Lösungswort: *Schwaebische Alb*

Deutsche Bundesländer – Bayern

1. Oberstdorf; **2.** Reit im Winkel; **3.** Steigerwald; **4.** Rosenheim; **5.** Coburg; **6.** Fürstenfeld; **7.** Erding; **8.** Schwandorf; **9.** Bamberg; **10.** Füssen; **11.** Feuchtwangen; **12.** Zwiesel; **13.** Aschaffenburg; **14.** Laufen; **15.** Feucht

Lösungswort: *Oktoberfestzelt*

Deutsche Bundesländer – Berlin

1. Tiergarten; **2.** Spree; **3.** Berlin; **4.** Teufelsberg; **5.** Havel; **6.** Kreuzberg; **7.** Grünau; **8.** Schöneberg; **9.** Tempelhof; **10.** Wedding; **11.** Marzahn; **12.** Treptow; **13.** Wannsee; **14.** Wilmersdorf; **15.** Friedrichshain

Lösungssatz: *Das ist die Berliner Luft.*

Deutsche Bundesländer – Brandenburg

1. Oder; **2.** Frankfurt; **3.** Elbe; **4.** Lauchhammer; **5.** Dahme; **6.** Finsterwalde; **7.** Schwarze Elster; **8.** Havel; **9.** Potsdam; **10.** Plane; **11.** Herzberg; **12.** Oderbruch; **13.** Bernau; **14.** Schorfheide; **15.** Forst; **16.** Spree; **17.** Ucker

Lösungssatz: *Von der Uckermark zur Lausitz.*

Deutsche Bundesländer – Hessen

1. Rüsselsheim; **2.** Wehen; **3.** Kassel; **4.** Stockstadt; **5.** Niederaula; **6.** Großostheim; **7.** Offenbach; **8.** Ohm; **9.** Wetter; **10.** Wasserkuppe; **11.** Marburg; **12.** Erbach; **13.** Vogelsberg **14.** Gießen; **15.** Kelsterbach; **16.** Wiesbaden; **17.** Bad König; **18.** Dill

Lösungswort: *Hessisches Bergland*

Deutsche Bundesländer – Mecklenburg-Vorpommern

1. Waren; **2.** Poel; **3.** Plau; **4.** Bergen; **5.** Mirow; **6.** Saal; **7.** Rügen; **8.** Elde; **9.** Havel; **10.** Lassan; **11.** Sternberg; **12.** Usedom; **13.** Schwerin; **14.** Ludwigslust

Lösungssatz: *Neubrandenburg*

Deutsche Bundesländer – Niedersachsen

1. Leine; **2.** Dümmer; **3.** Norden; **4.** Hannover; **5.** Braunschweig; **6.** Juist; **7.** Lehrte; **8.** Herzberg; **9.** Celle; **10.** Wolfsburg; **11.** Harz; **12.** Weser; **13.** Springe; **14.** Emden; **15.** Asse

Lösungswort: *Lüneburger Heide*

Deutsche Bundesländer – Nordrhein-Westfalen

1. Dortmund; **2.** Datteln; **3.** Siegen; **4.** Ruhr; **5.** Unna; **6.** Oberhausen; **7.** Winterberg; **8.** Siegburg; **9.** Essen; **10.** Bonn; **11.** Lippe; **12.** Sauerland; **13.** Mettmann

Lösungswort: *Das Ruhrgebiet*

9 Die Lösungen

2 Deutsche Bundesländer – Rheinland-Pfalz

1. Daun; **2.** Bernkastel-Kues; **3.** Kusel; **4.** Donnersberg; **5.** Eifel; **6.** Neumagen; **7.** Altenkirchen; **8.** Hermeskeil; **9.** Hambach; **10.** Hahn; **11.** Bad Kreuznach; **12.** Nahe; **13.** Andernach; **15.** Birkenfeld

Lösungswort: *Das Deutsche Eck*

Deutsche Bundesländer – Saarland

1. Schmelz; **2.** Lebach; **3.** Sulzbach; **4.** Wadern; **5.** Neunkirchen; **6.** Nahe; **7.** Sankt Wendel; **8.** Losheim; **9.** Perl; **10.** Peterberg; **11.** Schaumberg; **12.** Freisen; **13.** Blies; **14.** Mosel

Lösungswort: *Schwenkergrill*

Deutsche Bundesländer – Sachsen

1. Dresden; **2.** Glashütte; **3.** Weißwasser; **4.** Reichenbach; **5.** Oberlausitz; **6.** Freital; **7.** Elbe; **8.** Auerbach; **9.** Mulde; **10.** Aue; **11.** Weiße Elster

Lösungswort: *Heinrich der Erste*

Deutsche Bundesländer – Sachsen-Anhalt

1. Halle; **2.** Gardelegen; **3.** Harz; **4.** Bitterfeld; **5.** Petersberg; **6.** Kalbe; **7.** Mulde; **8.** Eisleben; **9.** Aken; **10.** Aller; **11.** Wische; **12.** Altmark; **13.** Halberstadt; **14.** Salzwedel

Lösungswort: *Lutherstadt Wittenberg*

Deutsche Bundesländer – Schleswig-Holstein

1. Flensburg; **2.** Nordstrand; **3.** Kampen; **4.** Kiel; **5.** Glückstadt; **6.** Eider; **7.** Husum; **8.** Heide **9.** Angeln; **10.** Burg; **11.** Heiligenhafen; **12.** Stade; **13.** Westerland; **14.** Elbe; **15.** Trave; **16.** Wedel

Lösungswort: *Nordfriesische Inseln*

Deutsche Bundesländer – Thüringen

1. Neustadt; **2.** Eisenach; **3.** Erfurt; **4.** Gera; **5.** Sommerda; **6.** Finne; **7.** Jena; **8.** Großer Inselberg; **9.** Plane; **10.** Rudolfstadt; **11.** Weimar; **12.** Harz; **13.** Apolda; **14.** Eisfeld

Lösungswort: *Thueringer Wald*

Deutsche Bundesländer – Hamburg & Bremen

1. Bergedorf; **2.** Elbe; **3.** Hamburg; **4.** Oberneuland; **5.** Jungfernstieg; **6.** St. Pauli; **7.** Fischmarkt; **8.** Alster; **9.** Speicherstadt; **10.** Hausbruch; **11.** Altes Land; **12.** Strom; **13.** Wedel; **14.** Altona; **15.** Häfen; **16.** Kennedy Brücke; **17.** Kohlbrand; **18.** Weser

Lösungswort: *Freie und Hansestadt*

3 Verdrehte Umschreibungen – Afrika

1. Lusaka; **2.** Kigali; **3.** Elfenbeinküste; **4.** Kenia; **5.** Kamerum; **6.** Boma; **7.** Algerien; **8.** Jaunde; **9.** Senegal; **10.** Casablanca; **11.** Johannesburg; **12.** Rabat; **13.** Niger; **14.** Togo

Lösungswort: *Kilimandscharo*

Verdrehte Umschreibungen – USA

1. Richmond; **2.** Oberer See; **3.** Tulsa; **4.** Mobile; **5.** Bikini-Atoll; **6.** Washington; **7.** Salem; **8.** USA; **9.** Helena; **10.** Laredo; **11.** Missouri; **12.** Stockton; **13.** Omaha; **14.** Texas; **15.** Rochester; **16.** Erie; **17.** Phoenix

Lösungswort: *Neuenglandstaaten*

Geografie-Rätsel mit Pfiff! / 8.-13. Schuljahr - Bestell-Nr. 11 430
Nicht alltägliche Rätsel zum Lernen & Schmunzeln
KOHL VERLAG Der Verlag mit dem Baum
www.kohlverlag.de

9 Die Lösungen

4 Geographische Begriffe – Erdkunde für Querdenker 1

1. Mittelgebirge; **2.** Anerbe; **3.** ITC; **4.** Legende; **5.** Packeis; **6.** Altweibersommer; **7.** Himmel; **8.** Regen; **9.** Oberzentrum; **10.** Kontinent; **11.** Raubbau; **12.** Nebel; **13.** Dürre; **14.** Gestein; **15.** Polarlicht; **16.** Orkan; **17.** Handel; **18.** Pass

Lösungssatz: *Geographie bedeutet die Erde beschreiben.*

Geographische Begriffe – Erdkunde für Querdenker 2

1. Depression; **2.** Marsch; **3.** Tau; **4.** Atlas; **5.** Klima; **6.** Frühlingserwachen; **7.** Rohstoffe; **8.** Westen; **9.** Erdachse; **10.** Grundwasser; **11.** Wetterseite; **12.** Altarm; **13.** Wendekreis; **14.** Flussbett; **15.** Föhn; **16.** Erde; **17.** Regenzeit; **18.** Becken

Lösungssatz: *Erdkunde ist auch um die Ecke schön.*

Geographische Begriffe – Erdkunde für Querdenker 3

1. Abraum; **2.** Artenreichtum; **3.** Flut; **4.** Geest; **5.** Karte; **6.** Raubbau; **7.** Rohstoff; **8.** Stausee; **9.** Tagebau; **10.** Erosion; **11.** Landflucht; **12.** Polder; **13.** Relief; **14.** Plantage; **15.** Kataster; **16.** Eistage; **17.** Metall; **18.** Planeten; **19.** Morgen; **20.** Grünland

Lösungssatz: *So macht Erdkunde Spass.*

Geographische Begriffe – Bio-Landwirtschaft

1. Biolandwirtschaft; **2.** Euter; **3.** Ökotrophologie; **4.** Mist; **5.** Biobauernhof; **6.** Agraranbau; **7.** Boxenlaufstall; **8.** Mähdrescher; **9.** Kuhherde; **10.** Biolebensmittel; **11.** Mastvieh; **12.** Traktor; **13.** Wein; **14.** Anerbe; **15.** Biogas; **16.** Realerbteilung; **17.** Butter; **18.** Landwirt; **19.** Ökosiegel; **20.** Gerste; **21.** Plantage

Lösungssatz: *Der Mensch ist, was er isst.*

5 Scrabble – Europa-Städte

1. Tarent; **2.** Hannover; **3.** Triest; **4.** Kiel; **5.** Patras; **6.** Gera; **7.** Rennes; **8.** Wiesbaden; **9.** Oslo; **10.** Wesel; **11.** Nimes; **12.** Essen; **13.** Chester; **14.** Nantes; **15.** Athen; **16.** Bergen

Lösungssatz: *Stadtscrabble ist toll.*

6 Anagramme – Stadt - Land - Fluss

1. Nepal; **2.** Rhein; **3.** Kioto; **4.** Kuba; **5.** Athen; **6.** Seine; **7.** Tula; **8.** Irak; **9.** Lome; **10.** Wiesbaden; **11.** Estland; **12.** Pakistan; **13.** Tulsa; **14.** Lima; **15.** Chester; **16.** Ebro; **17.** Aschaffenburg; **18.** Breda

Lösungssatz: *Stadt, Land, Fluss einmal anders.*

Anagramme – Deutsche Flüsse

1. Elbe; **2.** Isar; **3.** Regen; **4.** Eder; **5.** Urft; **6.** Tauber; **7.** Nahe; **8.** Leine; **9.** Biese; **10.** Wetter; **11.** Ahr; **12.** Aller; **13.** Plane; **14.** Rhein; **15.** Lech; **16.** Glan; **17.** Oder

Lösungssatz: *Ein Flussdurcheinander.*

Anagramme – Deutsche Städte

1. Essen; **2.** Düren; **3.** Gera; **4.** Erlangen; **5.** Laufen; **6.** Münster; **7.** Erbach; **8.** Herne; **9.** Aschaffenburg; **10.** Wiesbaden; **11.** Wesel; **12.** Hannover; **13.** Norden; **14.** Moers; **15.** Hameln; **16.** Büren; **17.** Trier

Lösungswort: *Urbanisationsanagramm*

KOHL VERLAG Der Verlag mit dem Baum www.kohlverlag.de
Geografie-Rätsel mit Pfiff! / 8.-13. Schuljahr
Nicht alltägliche Rätsel zum Lernen & Schmunzeln - Bestell-Nr. 11 430

9 Die Lösungen

6 Anagramme – Internationale Flüsse

1. Rhone; **2.** Amur; **3.** Iller; **4.** Seine; **5.** Isar; **6.** Ebro; **7.** Tiber; **8.** Severn; **9.** Save; **10.** Isere; **11.** Brenta; **12.** Oder; **13.** Ertis; **14.** Elbe; **15.** Beni; **16.** Mosel; **17.** Tauber
Lösungssatz: *Eine interessante Raetselart.*

7 Schmunzel-Rätsel – Deutsche Städte 1

Waagerecht: 1. Borken; **5.** Gelsenkirchen; **6.** Rüsselsheim; **9.** Andernach; **12.** Dortmund; **14.** Eisenach; **16.** Aue; **17.** Viersen; **19.** Weimar; **20.** Ulm; **21.** Laufen; **22.** Essen; **23.** Siegen; **24.** Waren

Senkrecht: 2. Königswinter; **3.** Kiel; **4.** Jena; **7.** Bamberg; **8.** Schwerin; **10.** Dillingen; **11.** Bonn; **15.** Hamburg; **18.** Emden

Schmunzel-Rätsel – Deutsche Städte 2

1. Braunschweig; **2.** Neunkirchen; **3.** Coburg; **4.** Kamen; **5.** Offenbach; **6.** Datteln; **7.** Feucht; **8.** Wangen; **9.** Frankfurt; **10.** Husum; **11.** Bergheim; **12.** Gaggenau; **13.** Westerland; **14.** Mettmann; **15.** Gera; **16.** Konstanz; **17.** Berlin; **18.** Aalen; **19.** Lehrte; **20.** Giessen; **21.** Halle; **22.** Füssen

Schmunzel-Rätsel – Deutsche Gebirgs- und Landschaftsräume

1. Altmark; **2.** Alpen; **3.** Knoblauchsland; **4.** waagerecht: Harz; **4.** senkrecht: Haar; **5.** Oberlausitz; **6.** Eggegebirge; **7.** Sauerland; **8.** Erzgebirge; **9.** waagerecht: Odenwald; **9.** senkrecht: Oderbruch; **10.** Steigerwald; **11.** Wettersteingebirge; **12.** Wetterau; **13.** waagerecht: Wursten; **13.** senkrecht: Wische; **14.** Haßberge; **15.** Ebbe; **16.** Angeln; **17.** Eifel; **18.** Windleite

Schmunzel-Rätsel – Deutsche Flüsse

Waagerecht: 1. Regen; **3.** Nahe; **4.** Innerste; **7.** Sauer; **8.** Oder; **9.** Wetter; **10.** Lippe; **12.** Leine; **14.** Ahr; **16.** Inn; **18.** Elbe; **19.** Ruhr; **20.** Mosel

Senkrecht: 1. Rhein; **2.** Jade; **5.** Tauber; **6.** Wiese; **9.** Weser; **11.** Plane; **13.** Eder; **14.** Sieg; **17.** Dahme; **19.** Riss

Schmunzel-Rätsel – Allgemeine Erdkunde

1. Lawine; **2.** Westen; **3.** waagerecht: Aufschluss; **3.** senkrecht: Altweibersommer; **4.** Gesteine; **5.** Nebel; **6.** Becken; **7.** Grundwasser; **8.** Krater; **9.** Frühlingserwachen; **10.** waagerecht: Fischerei; **10.** senkrecht: Forst; **11.** Schauer; **12.** Erde; **13.** Plantage; **14.** Altarm; **15.** Kontinent **16.** Knoten; **17.** Delta; **18.** Anerbe; **19.** Marsch; **20.** Erdachse; **21.** Gneis; **22.** Zeche

Schmunzel-Rätsel – Länder

1. Elfenbeinküste; **2.** Frankreich; **3.** Kenia; **4.** Algerien; **5.** Irak; **6.** Armenien; **7.** waagerecht: Moldawien; **7.** senkrecht: Malta; **8.** Italien; **9.** Litauen; **10.** Japan; **11.** Togo; **12.** Jamaika; **13.** Senegal; **14.** England; **15.** Haiti; **16.** Ungarn; **17.** waagerecht: Nepal; **17.** senkrecht: Niger; **18.** Spanien; **19.** Wales; **20.** Polen

Schmunzel-Rätsel – Länder und Hauptstädte

1. waagerecht: Paris; **1.** senkrecht: Polen; **2.** Sofia; **3.** Jamaika; **4.** Oman; **5.** Neuseeland; **6.** Stockholm; **7.** Wilna; **8.** Litauen; **9.** England; **10.** Astana; **11.** Mali; **12.** Kigali; **13.** waagerecht: Kenia; **13.** senkrecht: Katar; **14.** Malta; **15.** Estland; **16.** Brüssel; **17.** Senegal; **18.** Nassau; **19.** Bagdad

KOHL VERLAG Der Verlag mit dem Baum www.kohlverlag.de
Geografie-Rätsel mit Pfiff! / 8.-13. Schuljahr - Bestell-Nr. 11 430
Nicht alltägliche Rätsel zum Lernen & Schmunzeln

9 Die Lösungen

7

Schmunzel-Rätsel – Die schönste Zeit des Jahres

1. Klimawechsel; **2.** Sonnenschirm; **3.** Reise; **4.** Strand; **5.** Hotel; **6.** Wintersport; **7.** Palmen; **8.** Bergsteigen; **9.** Vollpension; **10.** Wandern; **11.** Liegewiese; **12.** Strandkorb; **13.** Wasserski; **14.** Rucksack; **15.** Sonnenöl; **16.** Kreuzfahrt; **17.** Packeis; **18.** Ferien; **19.** Abenteuer; **20.** Spaß; **21.** Ausland

8

Auftauchrätsel – Deutsche Städte

1. Erlangen; **2.** Waren; **3.** Bonn; **4.** Mannheim; **5.** Fürth; **6.** Passau; **7.** Halle; **8.** Ulm; **9.** Berlin; **10.** Kiel; **11.** Jena; **12.** Schwerin; **13.** Hamm; **14.** Kassel; **15.** Erfurt; **16.** Essen; **17.** Göttingen; **18.** Dortmund

Lösungssatz: *In einer Stadt pulsiert das Leben.*

Auftauchrätsel – Hauptstädte

1. Rom; **2.** Athen; **3.** Teheran; **4.** Paris; **5.** Kairo; **6.** Prag; **7.** Oslo; **8.** Berlin; **9.** Jaunde; **10.** Tunis; **11.** Dublin; **12.** Wien; **13.** Riga; **14.** Kiew; **15.** Bern; **16.** Lima; **17.** Rabat

Lösungssatz: *Metropolen der Welt.*

Auftauchrätsel – Europa

1. Wien; **2.** Estland; **3.** Warschau; **4.** Arno; **5.** Paris; **6.** Po; **7.** Irland; **8.** Armenien; **9.** Kiew; **10.** Seine; **11.** Riga; **12.** Athen; **13.** Wales; **14.** Rom; **15.** Don; **16.** Elbe; **17.** Bern

Lösungssatz: *Europa ist ein kleiner Kontinent.*

KOHL VERLAG Der Verlag mit dem Baum www.kohlverlag.de
Geografie-Rätsel mit Pfiff! / 8.-13. Schuljahr
Nicht alltägliche Rätsel zum Lernen & Schmunzeln - Bestell-Nr. 11 430

Allgemeinwissen fördern

NEU

Grundkenntnisse fachgerecht in kleinen Portionen vermitte

Eine gute Allgemeinbildung zu haben ist wertvoll und für viele selbstverständlich. Doch leider fäl vielen Jugendlichen durch den starken Einfluss der medialen Welt heute zunehmend schwerer, ih gemeinwissen in mehreren Bereichen zu erweitern. Genau hier knüpfen diese Bände „Allgemeinwis fördern" für die Fachbereiche Englisch, Physik, Chemie und Biologie an. Innerhalb des jeweiligen F bereiches vermittelt das Unterrichtsmaterial ein **Basiswissen in kleinen Portionen**, das dem Allgem wissen förderlich ist. Sämtliche Kopiervorlagen sind mit Lösungen, die auch zur Selbstkontrolle ge werden können, ausgestattet.

Englisch: Oceans & continents, solar system, Europe, politics, history, human beings, animals, nature, computers, literature, religion, plants, painting, music u.v.m.	**Physik**: Elektrizität, Computer, Teilchenmodell, Kräfte, Energie, Mechanik, Verbrennungsmotoren, Reibung, Magnetismus, Akustik, Optik, Telekommunikation u.v.m.	**Chemie**: Stoffe, Sicherheit, Elemente, Aggregatzustände, chemische Verbindungen, chemische Reaktionen, Oxidation, Reduktion, Säuren und Laugen, Kunststoffe u.v.m.	**Biologie**: Rund um de Menschen, Der Körper Rund um die Pflanzen Aufbau/Funktion der P zen, Rund um die Tier Einzelne Tiere u.d. Lu Mikrobiologie u.v.m.

Englisch *(60 Kopiervorlagen)*	Nr. 11 476	16,80 €	*(21,90 SFR)*
Physik *(90 Kopiervorlagen)*	Nr. 11 477	19,80 €	*(25,90 SFR)*
Chemie *(90 Kopiervorlagen)*	Nr. 11 478	19,80 €	*(25,90 SFR)*
Biologie *(60 Kopiervorlagen)*	Nr. 11 479	16,80 €	*(21,90 SFR)*

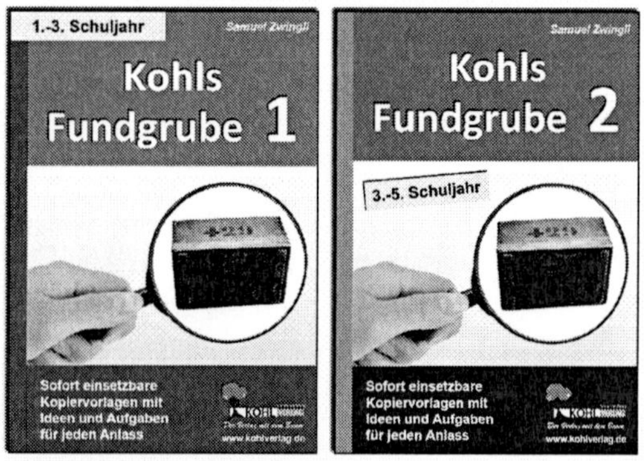

Kohls Fundgruben

Ideen für jeden Anlass

Hüten Sie mal wieder überraschend die Klasse Ihrer Kollegin/Ihres Kollegen? Müssen Sie kurzfristig Ihren Un richt umstellen? Kein Problem! Hier sind sofort einsetzbare Kopiervorlagen mit vielen tollen Ideen und Aufga für jeden Anlass. Sie kopieren die Einführungsvorlage auf Folie, erklären den Schülerinnen und Schülern die gabenstellung und verteilen die Arbeitsblätter mit den Aufträgen. Für schnelle Kinder stehen auch Zusatzaufga bereit.

Wenn man einige der Arbeitsblätter laminiert, dann hat man eine umfangreiche, jederzeit sofort einsetzbare Arbe kartei. So ist ein flexibler Einsatz garantiert – und das bei hohem Spaßfaktor für Ihre Schüler!

Fundgrube 1 / 1.-3. Schuljahr *(40 Kopiervorlg.)*	Nr. 11 055	14,80 €	
Fundgrube 2 / 3.-5. Schuljahr *(40 Kopiervorlg.)*	Nr. 11 056	14,80 €	*(35,80 SFR)*

33 fix & fertige Vertretungsstunden

Suchen Sie sinnvolle Vertretungsstunden mit hohem Lerneffekt? Genau das ist das Ziel dieser Kopiervorlag sammlung. Die Arbeitsblätter sind **universell einsetzbar** und machen Spaß! Der Umfang der Arbeitsaufga wurde dabei so gewählt, dass tatsächlich eine ganze Schulstunde gefüllt wird. Dabei wird pro Fach jede Men Wissenswertes vermittelt. So werden Vertretungsstunden sinnvoll genutzt.

Grundschule: *Deutsch; Musik; Sachkunde/Allgemeine Themen; Mathematik; Englisch; Kunst und Gestalten*

Sekundarstufe: *Deutsch; Biologie; Allgemeine Themen; Gesellschaftswissenschaften; Englisch, Kunst; Mathe*

Grundschule *(60 Kopiervorlg.)*	Nr. 10 644	16,80 €	*(21,90 SFR)*
Sekundarstufe *(60 Kopiervorlg.)*	Nr. 10 645	15,80 €	*(20,50 SFR)*

Knacknüsse

Denksportaufgaben für schlaue Köpfe

Pfiffige Rätsel zur Stärkung von Mathe, Optik und Logik. Die Kopiervorlagen bieten überraschende und spannende Problemstellungen für alle Schülerinnen und Schüler der Sekundarstufe und für besonders findige Grundschüler ab Klassenstufe 3. Eine große Sammlung von Denksportaufgaben zum räumlichen Vorstellungsvermögen und zum Spielen mit Zahlen erwartet Sie. Ein Werk, das Ihnen das Unterrichten von fordernden und interessierten Kindern erleichtert!

Denksport macht fitte Köpfe!

49 Kopiervorlagen

Nr. 11 154	15,80 €	*(39,80 SFR)*

Rätselspaß Schiffe suchen

Knifflige Knobeleien für kluge Köpfe

Die Rätselart erinnert an „Schiffe versenken". D Kinder lösen die Rätsel alleine oder zu zweit. Ei angegebene Anzahl Schiffe muss auf dem „Wa ser" platziert werden. Die Zahlen am Rand geb jeweils die Anzahl der einzelnen Schiffsteile a Gefragt ist konsequentes Strukturieren, strate sches Vorgehen, logisches Denken und genau Arbeiten.

32 Seiten

Nr. 11 411	12,80 €	*(22,80 SFR)*